Rut Björkman

ERLEUCHTETE UND HEILIGE

Rut Björkman

ERLEUCHTETE UND HEILIGE

Licht einer anderen Dimension

AURUM VERLAG · FREIBURG IM BREISGAU

Aus Tagebuchblättern

Der Heilige
ist die Norm des Menschen

1977
ISBN 3 591 08049 7

Druck und Bindung: Landsberger Verlagsanstalt Martin Neumeyer.
Printed in Germany

INHALT

I
Das Wirken Gottes durch sein Geschöpf Mensch

1 Vorläufer des wahren Menschengeschlechtes 9
2 Die höchste Stufe schöpferischen Lebens offenbart sich in den Heiligen 12
3 Das Wirken Gottes durch sein Geschöpf Mensch 18
4 Die vergessene Dimension der Seele 20

II
Bewußtseinsveränderung, die zur Erleuchtung führt

1 Das die Verwandlung bewirkende Bewußtsein 24
2 Das Bewußtsein ist das geheimnisvolle Tor 29
3 Die Erleuchteten haben den Durchbruch zu ihrer Wahrheit erlebt 32
4 Der Mensch verbindet sich über den Atem mit der Schöpferkraft 36

III
Erleuchtung, die zur Heiligkeit führt

1 Menschheitserleuchtung — Das Wiederkommen Christi 41
2 Erleuchtung — Durchbruch zur spirituellen Wirklichkeit 45
3 Der Erleuchtete ist im Bewußtsein des inneren Lichtes 50
4 Leben und Wirkenskraft der Heiligen 57

IV
Erleuchtete und Heilige

1 Der erleuchtete Mensch 62
2 Lichterlebnisse der Heiligen 66
3 Die Erleuchteten sind mitten unter uns 70

4 In den Erleuchteten leuchtet das Licht des Ur-Lichts 73
5 Die Erleuchteten Buddha und Jesus 78
6 Die Erleuchteten sollen uns Vorbild und Beispiel sein 83
7 Die Erleuchtung eines Menschen kommt aus seiner Verbindung mit dem Ursprung 87
8 Christus in uns 92
9 Die Erleuchtung ist die Folge der Hinwendung zu dem inneren Licht 98
10 Der Erleuchtete erleuchtet seine Umwelt 103
11 Die Erleuchteten sind noch nicht entdeckt als die normalen Menschen 108
12 Die Gemeinschaft der Heiligen 112
13 Im Leben der Heiligen wird Raum und Zeit aufgehoben 117
14 Die Erleuchteten und Heiligen erleben eine Erweiterung ihres Bewußtseins 122
15 Von der Zahl der Heiligen hängt das Schicksal der Welt ab 126
16 Die Heiligkeit des Menschen ist die Richtigstellung des Geschöpfes vor dem Schöpfer 131
17 Heilige sind Menschen, in denen sich die Kräfte des Himmels bewegen 136
18 Unsere Welt braucht die Heiligen 140

V
Geistige Heilung

1 Der Mensch, das größte Heilmittel der Schöpfung 144
2 Weil der Geist des Schöpfers in uns anwesend ist, können wir heilen 148
3 Geistige Heilung 154
4 Heilung durch den Einstrom des Schöpfergeistes 158
163
5 Der geistige Heiler

Es gibt Menschen, die ihrer Zeit so weit überlegen sind im Schauen, daß sie nicht von der Zeit erkannt und nicht in ihrer Bedeutung angenommen werden können. Sie sind außerhalb ihrer Zeit, sie haben die Begrenzung durch die Vorstellungswelt ihrer Zeit gesprengt und befinden sich bereits in einer zukünftigen Welt. Es führt keine Brücke hinüber zu ihnen, es sei denn, daß die Bewußtseinsebene der Menschen sich so entwickelt, daß sie fähig werden, auf der Brücke dieser Schau in das Zukünftige hineinzugehen. Das ist das Schicksal der Erleuchteten, daß sie nur von denen erkannt werden können, die erleuchtet sind, die die Enge der Vergänglichkeit gesprengt haben und zu dem wirklichen Leben in sich wie um sich vorgestoßen sind. Sie leben in ihrer Seele, und die Seele ist die Kontaktstelle mit der Seele der ganzen Schöpfung. So allein kann wahre Gemeinschaft erlebt werden, jene Gemeinschaft der Heiligen als der in ihrer Schöpfung integrierten Menschen, die aus dem von urher Gemeinsamen leben. Sie fließen mit ihren Lebensenergien ineinander über und befruchten einander mit neuem Leben, lösen die Kräfte ihrer Seele aus und sind in der Einheit. Nichts vermag sie zu trennen, denn sie haben ineinander das Absolute erreicht. Nichts trennt sie mehr von dem Ursprung in allen seinen Offenbarungen. Sie leben inwendig des Vorhangs, der uns durch unser Ego von dem göttlichen Sein trennt, sie sind zurückgekehrt zum Ursprung.

Die Begegnung mit einem wahrhaft Erleuchteten ist deshalb die Begegnung mit dem inneren Licht in uns selbst und deshalb von entscheidender Bedeutung für das wirkliche, das uns gemäße Leben. Wir werden erkannt in unserer Wahrheit, und diese Erkenntnis hat erlösende und heilende Kraft. Der Erlöste allein kann erlösen, der Heilige allein heilt. Wer empfänglich ist für die Ausstrahlung des inneren Lichts bei einem Menschen, der wird von diesem Licht in seiner Wahrheit erleuchtet, und er entdeckt sich selbst durch den anderen. Das ist die große Aufgabe der Erleuchteten, daß sie die Welt aus der Finsternis der Unwissenheit erlösen.

8016

I. Das Wirken Gottes durch sein Geschöpf Mensch

1.

Alle Menschen, die zum Licht der Welt wurden und die Finsternis der Gottlosigkeit erleuchteten, waren Menschen, die das innere Licht erkannten und es durch sich wirken ließen. Dieses Licht ist die Wirklichkeit Gottes in uns, ist unsere Christuskraft, ist das wahrhaftige Leben, und nur durch die Verbindung damit werden wir Erleuchtete. Von sich selbst ausgehend, aus dem Zustand seiner Willkür und seiner Vergänglichkeit, muß der Mensch zur Vermehrung der Finsternis in der Welt werden. Erst mit der Hinwendung zu dem inneren Licht, das das Leben Gottes in uns ist, beginnt die Möglichkeit der Erleuchtung, denn nur aus Gott entspringt das Licht.

Die Erleuchteten, die mit dem inneren Licht Verbundenen, sind die wahrhaftigen Menschen, und sie gehören zum Reich Gottes und bleiben in ihrer Wirkung unverändert licht-spendend bis in alle Ewigkeit. Sie bauen im Verborgenen an dem Kommen des Reiches Gottes in dieser Welt, und je mehr der Mensch aufwacht zu seiner geschöpflichen Wahrheit als Kind göttlichen Lebens, um so mehr werden diese Erleuchteten in ihrem Wert und ihrer Bedeutung für das Ganze erkannt. Sie sind Wegweiser für die Menschheit auf ihrem Weg aus der Verwirrung in ihrer Verlorenheit und ihrer Selbstentfremdung, und sie behalten ihre Gültigkeit über alle Zeiten hinweg. Der Grad ihres Erleuchtet-seins als ihrer Gottverbundenheit und Gotterfülltheit bestimmt den Grad ihrer auf die Wahrheit ausrichtenden Kraft. Sie sind Menschen, jenseits von aller Begrenzung durch Raum und Zeit, und zusammen bilden diese Menschen die wahre Kirche Christi als die Gemeinde der Heiligen, der in sich heilen Menschen. Von ihrem Leben hat die Menschheit Gnade um Gnade empfangen, und von dem Licht, das von ihnen ausgeht, wird die Welt fortwährend erhellt.

Sie sind Vorläufer des wahren Menschengeschlechts, und ihr mit Gott verbundenes Dasein legt Zeugnis ab von der Möglichkeit des Menschen, erlöst zu werden aus den ihn verderbenden Mächten der Gottlosigkeit. Je inniger ihre Einheit mit dem göttlichen Licht wurde, um so erlösender war ihre Wirkung. Am hellsten strahlt das Licht des Christusmenschen Jesus in der Finsternis einer gottfernen Menschheit, und je tiefer unser Verständnis für das Geheimnis seines gotteinigen Lebens wird, um so tiefer wird unser Verständnis für die Wahrheit unseres eigenen Lebens in seiner Beziehung zu dem göttlichen Licht. Sein Bekenntnis von sich selbst: „Ich bin das Licht der Welt“, zeugt von dem hohen Bewußtsein der Einheit dieses Menschen mit Gott. Er lebte nicht mehr in der Begrenzung durch ein vergängliches Nicht-Leben, sondern er hatte die volle Erkenntnis seiner Zugehörigkeit zu Gott erreicht, und er schöpfte aus den unerschöpflichen Kräften des ewigen Lebens.

Seine Erleuchtung und seine Macht und Mündigkeit entsprangen der Hinwendung zu der Wirklichkeit göttlichen Lebens, entsprangen seinem Glauben an den Vater, und im Erleben dieser Verwandlung und Neuschöpfung seines Lebens wurde er der große Verkündiger des Reiches Gottes inwendig in uns, und von denen, die seine Verkündigung annahmen und zum Glauben an seine Botschaft kamen, sagte er dasselbe aus wie von sich selbst: „Ihr seid das Licht der Welt."

Darin allein liegt das Geheimnis des erleuchteten Menschen, daß er sich umkehrt aus aller Willkür, um eins zu werden mit der Wirklichkeit seines göttlichen Ursprungs, daß er sich bekennt zu dem inneren Licht.

2.

Die Empfänglichkeit eines Menschen für das dahinterliegende Geheimnis des Lebens, für das Unsichtbare und mit den äußeren Sinnen nicht Wahrnehmbare, liegt in seiner seelischen Lebendigkeit, denn nur mit den Sinnen der Seele bekommt der Mensch Zugang zu diesen Bereichen, die wirkenskräftig sind hinter der Erscheinungswelt und die wir als die Ursache dieser Welt erkennen müssen. Diesen für das Unsichtbare und Über-sinnliche empfänglichen Menschen verdanken wir die Entbindung schöpferischer Kräfte und Klarheiten, denn diese Menschen stehen bewußt oder auch unbewußt unter der Bewirkung dieses unsichtbaren Schöpferprinzips und schöpfen aus seinen unerschöpflichen Tiefen die für ihre jeweiligen Aufgaben notwendigen Kräfte. Je nach der Tiefe ihrer Verbindung mit dem in ihrer Schöpfung manifestierten Schöpfergeist werden sie schöpferisch. Alle Weisheit und Erkenntnis, die jemals aus diesen schöpferischen Menschen hervorgegangen ist, auf welchem Gebiet auch immer, haben sie aus diesem Geist des Schöpfers in ihrer Schöpfung empfangen, ob sie sich dessen bewußt gewesen sind oder nicht. Die Verbindungsstelle mit diesem Geist geht über das Empfangsorgan dafür, das uns gegeben ist: unsere Seele. Deshalb ist die

10194

Voraussetzung für das schöpferische Leben, daß die Seele im Leben des Menschen für das Wirken des unsichtbaren Schöpfers in ihm wie in der Schöpfung um ihn lebendig und empfänglich ist. Je bewußter der Mensch sich dieser seiner spirituellen Wirklichkeit wird, je eindeutiger er auf sie ausgerichtet lebt, um so stärker steht er unter dem Einstrom schöpferischen Lebens, um so verbundener erlebt er sich mit der in allem Geschaffenen wirkenden Kraft des unsichtbaren Schöpfers.

Alles Leben ist schöpferisch, denn es entspringt dem alldurchdringenden Schöpfergeist. Also wäre es der natürliche Zustand des Menschen, schöpferisch zu sein als verbunden mit diesem Geist. Das unschöpferische Leben der Menschen ist ein Beweis für ihr Pseudo-Leben, für ihre Sonderung von ihrer Seele, die uns mit dem Schöpferprinzip in allem Geschaffenen verbindet. Wenn nun unsere Seele nicht in unserem Bewußtsein Einlaß findet, so fehlt uns das wahre Lebensbewußtsein, die Verbindung mit dem Schöpfergeist, der in allem Geschaffenen vorhanden ist. Damit ist das für ein schöpferisches Leben notwendige Empfangsorgan ausgeschaltet, und wir können das unsichtbare Geheimnis der Schöpferkraft, die in allem Lebendigen vorhanden ist, nicht aufnehmen. Wir haben keine Sinne für das Übersinnliche, wir empfangen nicht die Ausstrahlung der schöpferischen Kräfte und Klarheiten des Lebens in uns wie um uns. Unsere äußeren Sinne begrenzen uns in der Erscheinungswelt, und wir registrieren das, was wir sehen und hören; aber der Zugang zu der Kraft, aus der alle Erscheinungen entstehen, ist uns verschlossen, denn zu ihr führt nur die Sinnenhaftigkeit des inwendigen Menschen, unsere Seele, die allein die Wahrnehmung für die Seele aller Dinge besitzt. Ist die Seele des Menschen lebendig, so steht sie in einer natürlichen Beziehung zu der Seele der Schöpfung und empfängt so die hier ständig wirkenden Schöpferkräfte. In dieser Verbindung leben noch die kleinen Kinder; sie sind in einem ständigen Austausch mit der unsichtbaren Schöpferkraft in allen Dingen und erobern die Kenntnisse von ihrer Umwelt durch die Sinne ihrer lebendigen Seele. Die äußeren und die inneren Sinne sind noch nicht durch die Entwicklung einer willkürlichen Geistigkeit gespalten, sie leben aus ihrer Ganzheit.

Wenn durch die Erziehung durch eine seelen-lose Menschheit diese Spaltung einsetzt, verliert der Mensch die Ausstrahlung seiner Seele und damit die Verbindung mit der Seele der Schöpfung. Das Empfangsorgan für das schöpferische Leben ist gestört, der Mensch wird aus dem Paradies als aus der Einheit allen Lebens herausgeworfen, und damit verfällt er einem unschöpferischen Teil-Leben, seine Entwicklung als höchste Manifestation des Schöpfergeistes ist unterbrochen, die fruchtbare Wechselbeziehung im Lebendigen funktioniert nicht mehr. Dieses nimmt der Mensch stumpf hin, als gehörte es zu seinem Los, als wäre der schöpferische Mensch eine Ausnahmeerscheinung menschlichen Lebens, eine besondere Gnade Gottes für besondere Menschen. Daß in dieser Auffassung eine Gotteslästerung liegt, ahnt der Mensch nicht, denn er lebt eingekerkert in überlieferten religiösen Vorstellungen von einem Gott außerhalb seines Lebens, und mit allen seinen Anbetungen dieses Gottes erreicht er keine Verbindung mit den Kräften und Klarheiten schöpferischen Lebens. Es ist das göttliche Prinzip unseres Lebens, das uns mit Gott allein verbinden kann, und nur wer sich nach innen wendet und sich von diesem Prinzip bewirken läßt, erlebt die Verbindung mit den schöpferischen Kräften und kommt hervor — je nach seiner Begabung — als ein schöpferischer Mensch.

Die höchste Stufe schöpferischen Lebens offenbart sich in den großen Mystikern und Heiligen. In ihnen ist die bewußte Unterordnung unter den Schöpfergeist erfolgt, sie erkennen ihre geschöpfliche Stellung und die daraus folgende Abhängigkeit von dem Wirken des Schöpfergeistes in ihrem Leben. Ihre Seele ist bewußt in ihr Leben einbezogen, und über sie empfangen sie die Seele aller Dinge und stehen somit in der Fülle der auf sie einströmenden Kräfte des Schöpfers in allen seinen Offenbarungen. Sie wirken sich seinsmächtig aus und bewegen die Kräfte des Himmels. Im Verhältnis zu ihrer Liebe zu Gott erleben sie die Einswerdung mit seiner Gegenwart in allem Lebendigen. Der Unterschied zwischen der zeitlosen Wirkung eines

Erleuchteten und Heiligen und der zeitbedingten Wirkung eines schöpferischen Menschen, der gleichsam ohne Wissen um das göttliche, schöpferische Prinzip seines Lebens aus der Verbindung mit diesen Kräften die für seine Aufgaben notwendigen Impulse und Intuitionen schöpft, liegt in den verschiedenen Bewußtseinsebenen. Der Heilige ist gottes-bewußt, bewußt dessen, daß Gott alles in allem ist, und er lebt in der Anbetung seiner Gegenwart, während der nicht gottesbewußte Mensch über seine Empfänglichkeit für die Ausstrahlung unsichtbarer Kräfte mit diesen verbunden ist und aus ihnen schöpft. Dieser schöpferische Mensch braucht weder heilig noch erleuchtet zu sein, aber er lebt empfänglich für das Schöpferprinzip des Lebens und wird davon bewirkt. Zu diesen Menschen gehört die große Schar derer, die Ungewöhnliches leisten auf dem Gebiet ihrer jeweiligen Begabung und die wir als geniale Menschen bezeichnen, damit aussagend, daß sie dem Genius, der Schöpferkraft, nahe leben und aus ihren Tiefen schöpfen. Sie leben momentan verbunden mit dem Urgrund des Lebens, ohne daß deshalb ihr tägliches und persönliches Leben davon geheiligt wird.

Das Leben der Heiligen und Erleuchteten ist aber in seiner Ganzheit einbezogen in die Verbindung mit dem Ursprung, und deshalb stehen diese in der Menschwerdung nach dem Sinne des Schöpfers und werden zur Offenbarung Gottes in dieser Welt. Diese Heiligen sind deshalb den schöpferischen Menschen übergeordnet und vermögen ausrichtend auf die Wahrheit des Menschen zu wirken. Sie benutzen nicht die in ihnen wesende Kraft des Schöpfers für die Erweiterung ihres persönlichen Lebens, sondern sie lassen sich von dieser Kraft benutzen. Damit haben sie ihre geschöpfliche Richtigstellung vor dem Schöpfer eingenommen, und Er vermag durch sie wirksam zu werden in dieser Welt. Hier geht es um nichts anderes als um die Herrschaft Gottes über sein Geschöpf Mensch, und nur durch diese Herrschaft kann das Reich Gottes in dieser Welt verwirklicht werden.

3.

Der Mensch ist die größte Heilkraft dieser Welt, wenn er sein Heilsein findet und in der Hinwendung zu dem Heiligen in sich lebt. Andererseits ist er verurteilt, das größte Unheil dieser Welt zu sein, solange er nicht auf das in ihm wesende Heilige ausgerichtet lebt. Die Welt, in der wir jetzt leben, ist von dem unheiligen Menschen aufgebaut und beherrscht; deshalb ist sie eine unheile Welt. Der aus der Einheit mit dem Schöpfergeist gefallene Mensch entfaltet eine willkürliche Geistigkeit und wird dadurch verurteilt zu dem Verhängnis des verlorenen Sohnes, des seiner Wahrheit entfremdeten Geschöpfes. Alles, was dieser Mensch tut, entbehrt des Heiligen und wirkt sich unweigerlich unheil aus. So entstehen Kulturen und Zivilisationen aus dem Wirken unseres Geistes, die wieder vergehen, und wir halten diese Vergänglichkeit unseres Tuns für das dem Menschen gegebene Los.

Allein das Wirken Gottes durch sein Geschöpf Mensch hat erlösende und heilende Kraft und führt zur Menschwerdung im Sinne der Gottheit, Ihr zur Offenbarung. Die wenigen Menschen, die zu der Erkenntnis ihrer geschöpflichen Situation erwachten und sich dem Geist Gottes unterstellten, bleiben über Jahrtausende

9362

hinaus wirksam als Lichter in der Finsternis der Gottferne. In ihrer Ausrichtung auf das göttliche Geheimnis ihres Lebens sind sie für die ganze Menschheit zum Heil geworden und können in ihrer Heilkraft nicht aufgehoben werden. Sie sind der Vergänglichkeit nicht unterworfen, denn in ihnen ist das Unvergängliche zum Wirken gekommen.

Sie allein sind für die Heilung unserer Welt entscheidend, sie allein machen Geschichte, jene Geschichte des wahrhaftigen Menschen, der durch sein Leben in dieser Welt das Reich Gottes verwirklicht. Auf die Offenbarung der Heiligen als der in ihrer Schöpfung heilen Menschen wartet die ganze Schöpfung seit Anbeginn, um erlöst zu werden aus dem gott-losen Wirken des jetzigen Menschen, der dem Wahn unterliegt, daß er selbst über seine Schöpfung herrschen kann. Aus dem rastlosen Wirken dieses Menschen entspringt alles Unheil in unserer Welt, für uns selbst wie für alles Lebendige. Ein un-heiles Geschöpf kann mit allen guten Vorsätzen nichts Heiles bewirken, denn nur das Heilige bewirkt das Heil. Wir wären ohne die Erkenntnis der Heiligen, ohne die Ausstrahlung ihres gotterfüllten Seins längst den Folgen unserer Gottferne erlegen. Christus als unsere spirituelle Wirklichkeit in einem jeden Menschen wird einst erkannt werden, und wir werden mit ihm eins werden und so die Menschwerdung erleben.

4.

Die Erweckung des Menschen aus seiner Bewußtlosigkeit gegenüber seiner wahren Identität kann nur geschehen durch Menschen, die erweckt sind. Gestellt vor einen Menschen, der in der Beziehung zu seinem Ursprung lebt, der sein Ego überwunden hat und aus seiner Wahrheit als Kind göttlichen Seins schöpft und somit in der Menschwerdung nach dem Willen des Schöpfers steht, wird erst der Mensch sich dessen bewußt, daß es eine andere Art des Lebens gibt als die, die er selbst lebt. Damit ist er wach geworden für seine Sonderung von seiner eigenen Wahrheit, er wird sich seiner Egoverhaftung bewußt, und selbst wenn dieses Erwachen nur für kurze Zeit anhält, so ist etwas geschehen, was ihn empfänglich macht für das in unbewußte Bereiche zurückgedrängte Leben seiner Seele. Der Mensch wird von einem spirituell erwachten Menschen beunruhigt, er fühlt sich in Frage gestellt, und darin liegt die große Bedeutung der seelisch lebendigen Menschen, daß sie ausrichtend auf die vergessene Dimension der Seele bei ihren Mitmenschen wirken.

„Gott richtet niemanden, sondern alles Gericht hat Er dem Sohn gegeben, darum daß er der Menschensohn ist.“ Dieses Wort hebt die Bedeutung der zu

11023

ihrer Wahrheit zurückgekehrten Menschen hervor, es bekundet, daß sie das Gericht für die Menschheit sind im Sinne der Ausrichtung auf ihre Wahrheit, die Gott ist. Wenn wir Gott verstehen als alles in allem, als die Lebenswirklichkeit alles dessen, was lebt, als das Urgeheimnis, aus dem alles gemacht ist, was gemacht ist, und ohne das nichts gemacht ist, was gemacht ist, so begreifen wir die übergeordnete Bedeutung des aus dem Göttlichen in sich lebenden Menschen.

Wenn wir die Bedeutung des zu seiner Wahrheit erwachten Menschen als ausrichtende Kraft für seine Mitmenschen erkennen, als einen Menschen, der sie erwecken kann zu ihrer eigenen Gotteswirklichkeit, so begreifen wir das Wort des Paulus: „Wisset Ihr nicht, daß die Heiligen die Welt richten werden?" Die Heiligen als die in ihrer Schöpfung heilen Menschen sind die notwendigsten Menschen schlechthin, denn nur durch sie kann der Mensch ausgerichtet werden auf das in ihm wesende Heilige. Das Fehlen der Heiligen ist für die Menschheit das Fehlen der auf das Heilige ausrichtenden Kräfte. Die Menschheit versinkt im Dunkel der Gott-losigkeit, wenn in der Welt keine Heiligen leben. Wenn keine zu ihrer Wahrheit aufgewachten Menschen hervorkommen, so gibt es keine auf diese Wahrheit erweckende Kraft. Wir gehen dann beruhigt den Weg der Selbstentfremdung und halten es für das Los des Menschen zu sündigen, gottlos zu wirken und durch unsere Unvollkommenheit zum größten Unheil für diese Schöpfung zu werden.

Dieser Zustand des Verbleibens in der Bewußtlosigkeit für das in uns wesende Göttliche, das wir verstehen müssen als unsere spirituelle Wirklichkeit, unsere Seele, ist die Ursache für alle Not, alles Verderben, alle Entartung menschlichen Lebens. Der sich selbst entfremdete Mensch muß irregehen, muß der Ohnmacht, das Gute als das Göttliche zu offenbaren, unterliegen, er muß in Un-menschlichkeit versinken und zum größten Unheil seiner Welt werden. Es gibt keine Möglichkeit des heilen Wirkens für ein Geschöpf, das aus seiner geschöpflichen Beziehung zu seinem Schöpfer herausgefallen ist. Daß der Mensch für seine Welt in dieser erschütternden Weise zum Verderben wird, daß er ehrfurchtslos gegenüber allem Leben um sich lebt und daß er nach seinem Willen diese ihm anvertraute Schöpfung mißbraucht, liegt allein an seinem Verbleiben in dem Zustand der Bewußtlosigkeit für seine Abhängigkeit von dem Schöpfergeist, um zu leben. In seiner geschöpflichen Verkehrtheit verharrend, erntet der Mensch die tödlichen Folgen davon und geht sinn-los zugrunde.

Die Bedeutung der vor dem Schöpfergeist richtiggestellten Menschen muß erkannt werden, und sie müssen von uns angenommen werden, auf daß sie uns ausrichten können auf die auch in uns wesende Kraft des Schöpfergeistes. Wir sind alle potentiell Kinder Gottes, wir sind alle aus dem Schöpfergeist entstanden, und deshalb gibt es für uns Menschen keinen anderen Weg des Heils als die Ausrichtung auf das in uns wesende Heilige. Wer uns auf diesen Weg führt, wer uns erweckt zu unserer Wahrheit, dieser Mensch ist für uns der notwendigste Mensch, denn er offenbart uns, daß wir Träger sind des Schöpfergeistes, und durch die Annahme dieses Geistes werden wir erst Menschen nach dem Sinne des Schöpfers, Ihm zur Offenbarung.

So erkennen wir den heiligen, den in seiner existentiellen Wahrheit lebenden Menschen als das Heil der Welt, und je tiefer wir hineingehen in das Leben dieser Heiligen, uns von ihnen weisen lassen auf dem Weg zur Rückverbindung mit dem Heiligen in unserer eigenen Schöpfung, um so mehr kommen wir hervor in der Macht unserer Kindschaft zu Gott und können wir bei unseren Mitmenschen ausrichtend wirken auf das auch in ihnen wesende Heilige. Damit erfüllen wir erst unseren geschöpflichen Sinn und werden zum Heil unserer Welt, zur Offenbarung der Göttlichkeit des Lebens.

II. Bewußtseinsveränderung, die zur Erleuchtung führt

1.

Wir sind alle Kinder Gottes und deshalb potentiell Erleuchtete; denn Gott ist Licht, und es ist keine Finsternis in Ihm. Was von Gott geschaffen ist, ist aus Licht geschaffen, identisch mit dem Schöpfergeist, und es wird zur Ausstrahlung dieses Lichtes, sofern es darin verbleibt. Da aber der Mensch bewußtlos lebt gegenüber seiner Wahrheit, die Gottes Kraft ist in dieser seiner individuellen Offenbarung, so wird er nicht zur Ausstrahlung des Urlichts, nicht zur Gottes-offenbarung in dieser Welt, er ist eine verpaßte Inkarnation des Schöpfergeistes, unfähig, der ihm unterstellten Schöpfung zum Heil zu werden, weil er in sich unheil ist, unfähig, die in der Schöpfung manifestierte Lichtkraft wahrzunehmen und daran teilzunehmen. Da nur das Göttliche Zugang hat zu dem Göttlichen, so erklärt sich daraus, daß der Mensch im Zustand der Sonderung von dem Göttlichen in sich auch nicht zu dem Göttlichen um sich vorzudringen vermag. Die belebende und beseelende Wechselbeziehung zwischen dem Menschen und der geschöpflichen Welt wird nicht erlebt, die Einheit im Ursprung nicht erfahren. Der außerparadiesische Zustand bleibt so lange das Los des Menschen, bis er aufwacht zu dem inneren Licht und sich damit verbindet. Dann erst wird der Vorhang

9060

aufgehoben, der ihn trennt von dem Reiche Gottes, und er steht mitten in dem Licht ewigen Lebens in sich wie um sich.

Dieses ewige Leben ist die nie aussetzende Gegenwart des Schöpfergeistes in der Schöpfung, aber solange der Mensch sich dieser Gegenwart in sich selbst nicht bewußt ist, kann er daran nicht teilnehmen. Es bedarf der Erweckung des Menschen zu seiner Urbeziehung zu dem Schöpfer und seiner Hinwendung zu Ihm, soll die notwendige Synthese eintreten, die die Menschwerdung bewirkt als identisch mit Gottesoffenbarung durch den Menschen. Was der Schöpfer angefangen hat, kann nur Er vollenden. Solange der Mensch darauf besteht, die Führung über sich selbst zu beanspruchen und diese Schöpfung Gottes nach Gutdünken für seinen eigenen Willen auszunutzen, muß er unter dem Fluch einer unterbrochenen Schöpfung bleiben und ohne Sinn-erfüllung zugrunde gehen. Alles was dieses Geschöpf aus seiner Willkür heraus unternimmt, wird ihm und der Schöpfung zum Unheil.

Obwohl es ersichtlich ist, daß alle Schöpfung von innen nach außen lebt, begreift der Mensch nicht, daß dieses auch für seine geschöpfliche Situation gilt, sondern er verbleibt stumpf im Außen und nimmt die verderblichen Folgen davon hin, als gehörten sie zum Los menschlichen Lebens. Die Ehrfurcht und die liebende Hinwendung zu der Kraft des Schöpfers, aus der er entstanden ist, kennt er nicht. Er verharrt in seiner Sonderung von seinem Ursprung und damit in einer geschöpflichen Verkehrtheit, die ihn mit Notwendigkeit ohne Sinnerfüllung verderben läßt. Das Los des verlorenen Sohnes mit allen Verirrungen und Entartungen nimmt der Mensch auf sich, wenn er die Verbindung mit dem Schöpfergeist, der seine Wahrheit ist, aufgibt. Was die Menschheit an Leid, Verderben, Unmenschlichkeit und verheerenden Katastrophen erlebt, ist eine natürliche Folge ihrer Gottlosigkeit, ihrer Sonderung von der menschbildenden Kraft des Schöpfers in sich. Eine Erlösung aus diesem Zustand ist durch die Entwicklung der willkürlichen Geistigkeit des Menschen nicht möglich, sondern nur durch die Besinnung auf die Gegenwart Gottes in sich und durch die Umkehr zu Ihm.

Aber wie kann diese Besinnung, diese Bewußtwerdung des Menschen seiner geschöpflichen Abhängigkeit von dem Wirken des Schöpfergeistes, um zu leben, zustande kommen? Was dient dem Menschen zur Erweckung? Muß er — wie der verlorene Sohn — in die äußerste Not geraten und alle seine Mittel erschöpft haben, alle verkehrten Wege bis zum bitteren Ende gehen, bis ihm die Er-innerung zuteil wird, wer er eigentlich ist, und er sich umkehrt, um den Weg zurück zu seiner Wahrheit zu gehen! Es gibt keine Alternative für den Menschen, da es nur eine menschbildende Kraft gibt, und diese liegt im Schöpfergeist, wartend auf die Erkenntnis des Menschen, daß er diese Kraft ist, und auf sein ständiges Bekenntnis zu ihr.

Es kommt also darauf an, daß wir anfangen, das Bewußtsein für die Gegenwart des Schöpfers in der Schöpfung zu üben, daß wir uns nach innen wenden und die Schöpferkraft anbeten, die in uns wirkt und aus der wir entstanden sind. Daß wir leben, ist nicht durch unser Tun, sondern durch das Tun der Schöpferkraft in uns möglich. Daß Schöpfung und immer wieder Schöpfung entsteht, beweist die Existenz des unsichtbaren Schöpfers. Dieses Bewußtsein, daß Gott gegenwärtig ist in seinem Werk, daß es nie von Ihm getrennt werden kann, weil Er eins ist mit seiner Schöpfung, dieses Bewußtsein müssen wir durch Verinnerlichung und Meditation erobern, bis wir aus diesem Bewußtsein ständig leben. Nur so gewinnen wir unsere vergessene Einheit mit dem Schöpfer wieder, und wir wachsen weiter hinein in die Macht unserer Kindschaft zu Gott. Wir identifizieren uns nicht mehr mit unserer Vergänglichkeit, wir begrenzen uns nicht mehr in unserem Ego, sondern wir erweitern unser Bewußtsein mit dem Wissen: Ich bin Gottes Kraft und Weisheit in dieser individuellen Manifestation. Nicht ich lebe mein Leben, sondern Christus (der Schöpfergeist) lebt mein Leben.

Es ist dieses neue Bewußtsein, daß die Verwandlung und Neuschöpfung unseres Lebens bewirkt. Wenn wir unsere Wahrheit im Bewußtsein haben, so haben wir Gott im Bewußtsein, denn Gott ist der Urheber und Schöpfer alles dessen, was ist. „Er ist alles in allem, in Ihm leben wir und bewegen wir uns und haben unser Sein." Diese Erkenntnis erlöst uns aus der Enge eines vergänglichen Nicht-Lebens, befreit uns aus dem Bemühen, unserem Leben von uns aus Sinn und Ziel zu geben. Wir erkennen den Sinn unseres Lebens als darin liegend, die Schöpferkraft durch uns ungehindert wirken zu lassen, auf daß der Schöpfer sich selbst durch uns offenbaren kann. In der Bewußtlosigkeit gegenüber unserer Urbeziehung zu Gott kann es nicht zur Gottesoffenbarung durch uns kommen; denn wer offenbart Gott außer Gott? Ist der Schöpfer nicht anwesend in unserer Schöpfung, wie kann diese Schöpfung ihren Sinn erfüllen als Gott offenbarend?

Aber was nützt uns diese Anwesenheit Gottes in uns, wenn wir sie nicht erkennen und wir uns nicht zu ihr bekennen? Wir sind dann nur potentiell Kinder Gottes, aber wir bleiben ohne Einheit mit unserer Gotteskindschaft unter dem Fluch des verlorenen Sohnes und ernten alle tödlichen Folgen der Sonderung von der erfüllenden und heilenden Kraft des göttlichen Ursprungs. Der verlorene Sohn war immer, auch in der tiefsten Erniedrigung, Sohn Gottes, Erbe ewigen Lebens, aber bis auf den Tag seiner Umkehr zu Gott blieb sein Erbe verborgen, und er hatte keinen Zugang zu den Kräften und Klarheiten ewigen Lebens. Dasselbe gilt auch für uns; erst die Einswerdung mit dem Ursprung öffnet uns das Reich Gottes.

2.

Das Bewußtsein des Menschen ist das geheimnisvolle Tor, durch das er Leben empfängt, das ihn prägt und gestaltet. Sobald der Mensch sein Bewußtsein auf eine außerhalb seiner sich befindenden Kraft richtet, sobald er sich versenkt in das Leben eines Menschen, einer Blume, eines Tieres, beginnt bereits eine Verbindung mit der hier manifestierten Schöpferkraft, und der Mensch erlebt eine belebende Wirkung, einen Einstrom von Lebensenergien. Darin liegt das Geheimnis unseres ständigen Austausches von Lebenskräften, daß wir über das Bewußtsein im Sinne einer Bewußtwerdung des Seins um uns an diesem Sein teilnehmen können. Bleiben wir stumpf und gleichgültig gegenüber dem Leben in uns und um uns, so erleben wir keinen belebenden Einstrom dieses Seins in uns, wir stehen nicht in der Verwandlung und Erneuerung unseres Lebens.

Der Zustand der Meditation als der Versenkung in das Geheimnis des Lebens in uns und um uns muß von uns erkannt werden als der Zustand, in dem wir ständig leben müssen, um an dem Leben teilnehmen zu können. Je tiefer der Mensch sich dem Augenblick hingibt und sich in Liebe mit dem Leben verbindet, das ihn hier anspricht, um so stärker erlebt er die Bewirkung von dem hier offenbarten Leben. Unsere Lebendigkeit hängt von dieser Teilnahme an der Schöpferkraft ab, weil sie sich in uns und in der geschöpflichen Welt offenbart. Wir sind ständig umgeben von den Energien des Schöpfers, wie sie sich in allem Geschaffenen manifestiert haben, aber ohne unsere Hinwendung zu diesen schöpferischen Energien und ohne ihre Anbetung werden wir nicht von ihnen optimal bewirkt. Geht ein Mensch ohne Teil-nahme an dem Leben seiner Mitmenschen vorbei, ohne Liebe zu dem Wunder der geschöpflichen Welt, so bleibt er außerhalb einer lebengebenden Synthese mit der hier ausströmenden Schöpferkraft, ohne bewußte Belebung.

Wenn wir dieses verstehen, so begreifen wir, warum die Meditation als die Ausrichtung auf das innere Geheimnis der Seinskraft in allem, was lebt, eine Notwendigkeit für uns ist, wollen wir zunehmen an Kraft und Lebendigkeit. Das meditative Leben ist das Leben in der Liebe als in der Synthese mit der Kraft, „aus der alles gemacht ist, was gemacht ist, und ohne welche nichts gemacht ist, was gemacht ist. In ihr ist das Leben.“ Unsere Lebendigkeit nimmt deshalb zu mit der Hinwendung zu diesem Leben, das uns in allem Geschaffenen entgegenströmt. Und diese Hinwendung, dieses uns In-eins-setzen mit dem Leben aus dem Ursprung in allen seinen Offenbarungen ist identisch mit der Liebe zu Gott, denn Gott ist dieses Leben. Wenn wir recht meditieren, lieben wir Gottes

Kraft in uns und um uns und stehen dadurch innerhalb des Kraftfeldes göttlichen Seins.

Mit der Meditation als mit der Sammlung auf die Kraft Gottes in unserer eigenen und der Welt Schöpfung beginnt erst die Entbindung dieser Kraft, und wir erleben ihren Einstrom in unserem Leben. Wir werden uns des Seins bewußt, und mit diesem veränderten Bewußtsein verändert sich unser Leben. Wir durchstoßen die Erscheinungswelt und dringen vor zu der Welt Gottes, aus der alle Erscheinungen hervorgehen. Wir bekommen eine lebendige Beziehung zu der in uns selbst und in aller Schöpfung wesenden Schöpferkraft, und wir erleben, daß wir verwandelt werden, daß wir in eine neue Lebendigkeit und Vollmacht hineinkommen.

Nun erst geht es uns auf, daß das Gebot, Gott über alles zu lieben, das Gebot des Lebens schlechthin ist. Wir müssen Gott lieben, uns mit seiner Kraft in uns und um uns verbinden, uns in sie versenken, auf daß sie in unser Bewußtsein hineinströmen kann und über das Bewußtsein in jeder Zelle unseres Körpers verwandelnd und erneuernd wirksam wird. Je tiefer und umfassender unsere Liebe wird, um so lebendiger und vollmächtiger werden wir, denn Liebe ist Synthese, ein ineinander und miteinander Verbundenwerden, das fortwährend neues Leben zeugt. Die vollkommene Liebe zu Gott stellt die vollkommene Synthese her zwischen unserem Schöpfer und uns und kann damit unsere Gotterfülltheit ermöglichen.

3.

Die Veränderung unseres Bewußtseins von einem Person- und Vergänglichkeitsbewußtsein zu einem Gottes- und Unvergänglichkeitsbewußtsein ist notwendig, sollen wir aus der Begrenzung unseres Teil-Lebens erlöst werden und uns in der Ganzheit erkennen als Söhne und Töchter Gottes, als Menschen in Christus. Wer sich selbst in der Wahrheit erkennt, erkennt Gott, wer sich in seiner Wahrheit annimmt, wird zur Gottesoffenbarung, denn Gott ist die Wahrheit alles dessen, was ist. Es sind unsere Unwissenheit um unsere Wahrheit und unser Verbleiben in einem Personbewußtsein, die uns aus der Einheit allen Lebens in Gott ausschließen. Wer Gott nicht in sich findet, findet ihn auch nicht außerhalb sich, denn den Zugang zu Gott hat nur Gott. Dieses erklärt die Unfähigkeit zu lieben als die Synthese im Lebendigen zu erleben, solange wir nicht zu dem Ursprung unseres Lebens vorgedrungen sind und Gott nicht in uns lieben, denn nur durch diese Liebe zu Gott in uns werden wir zu Liebenden Gottes in allen seinen Offenbarungen und erkennen, daß Er alles in allem ist.

Alle Erleuchteten und Mystiker haben diesen Durchbruch zu ihrer Wahrheit erlebt und wurden dadurch wissend um die Allgegenwart Gottes in seiner ganzen Schöpfung. So standen sie in dem Einstrom

10322

der göttlichen Kräfte, sie nahmen teil an dem göttlichen Sein in seinen unendlichen Offenbarungen und wuchsen hinein in die Macht ihrer Kindschaft zu Gott. Sie wurden zu Menschen einer anderen Ordnung und anderer Befugnisse, denn sie lebten bewußt ihrer Wahrheit zugewandt, und diese wirkte sich in ihnen aus und strahlte durch sie ihr Licht in die Welt hinaus. Sie lebten im Licht des wirklichen Lebens, sie waren in der Liebe als in der Synthese mit diesem Leben in allen seinen Offenbarungen und hatten die Fülle des Lebens, und ihre Freude war vollkommen.

Obwohl diese Erleuchteten immer wieder hervorkommen und uns vor eine uns unbekannte Seinsweise stellen, erwachen wir nicht zu der Erkenntnis, daß auch wir erleuchtet werden können. Wir begreifen nicht die übergeordnete Bedeutung dieser Menschen und lassen uns nicht von ihnen den Weg zu unserer eigenen Erleuchtung zeigen, sondern wir halten sie für Ausnahmeerscheinungen menschlichen Lebens, die uns nichts angehen, die uns nicht Beispiel und Wegweiser sind zu unserer eigenen Wahrheit. Wir setzen beruhigt den Weg des verlorenen Sohnes fort und werden unserer Welt zum Verderben, vermehren die Finsternis der Gottlosigkeit, sind bestrebt, unsere willkürliche Geistigkeit zu entfalten und nehmen stumpf hin, als gehörte es zu unserem Los, daß wir trotz aller Anstrengungen, unsere Welt zu ordnen, immer tiefer in das Unheil und in die Unmenschlichkeit hineinstürzen.

Obwohl wir durch unsere Schöpfung Träger des Heiligen sind, ausgegangen aus dem Geist Gottes, bestimmt zur Gottesoffenbarung, verbleiben wir in einer verhängnisvollen Sonderung von diesem Heiligen in uns und halten uns für unfähig, zur Erleuchtung, zur Heiligkeit, zu kommen. Wir glauben, daß wir unter dem Fluch der Erbsünde stehen und halten es für natürlich, daß wir ohnmächtig, ungöttlich und unvollkommen bleiben. Wir registrieren, daß es manchmal zur Offenbarung des Heiligen kommt, daß Erleuchtete unter uns hervorkommen, die vom inneren Licht verkündigen, aber wir nehmen davon keine Notiz, wir sehen in ihnen nicht uns selbst in der Wahrheit, wir kommen durch sie nicht zum Bewußtsein des inneren Lichts. Diese Gleichgültigkeit vor der Offenbarung der Heiligen und Erleuchteten muß zur weiteren Verhaftung an ein Pseudo-Leben aus unserer willkürlichen Geistigkeit und damit zu einer Unterbrechung der Menschwerdung führen.

Wenn wir einst erkennen werden, daß nur der heilige, der wahrhaft gotterfüllte Mensch fähig ist, seinen geschöpflichen Auftrag zu erfüllen und für uns alle Vorbild und Weg-weiser zu sein auf dem Weg zur Menschwerdung als zur Gottesoffenbarung durch uns, dann werden wir auf das Heilige in uns gerichtet leben und nichts anderes verlangen, als damit eins zu werden. Dann wird der Erleuchtete und Heilige seinen wahren Platz einnehmen als der für die Entwicklung des wahren Menschen an erster Stelle Stehende, und wir werden aus seinen Erkenntnissen und Erleuchtungen zur Gotteinigkeit finden, was identisch ist mit dem Leben in der Wahrheit; denn nur der Erleuchtete, nur der Mystiker, offenbart die Wahrheit des Menschen, und dieses in dem Ausmaß seiner Einheit mit dem Licht seiner Seele als seiner Gotteswirklichkeit. Der wahre Mensch ist nur in dem Erleuchteten, dem dem inneren Licht zugewandten Menschen, offenbar. Der in seinem Ego, in seiner Vergänglichkeit, verbleibende Mensch ist der verlorene Sohn, der sich selbst Entfremdete, der, weil er aus dem Heiligen in sich gefallen ist, verurteilt ist, zum Unheil seiner Welt zu werden. In dem Heiligen ist das Bewußtsein verwandelt, er lebt nicht mehr aus seiner Vergänglichkeit, sondern aus dem Unvergänglichen in sich, und er kann somit zur Offenbarung des Unvergänglichen, des Göttlichen, werden. Je mehr Heilige unter uns leben, um so mehr von dem Licht ewigen Lebens leuchtet unter uns auf. Nehmen die Heiligen ab, so versinkt unsere Welt in der Finsternis der Gottlosigkeit und der Unmenschlichkeit. Daran erkennen wir, daß die Heiligen und Erleuchteten die not-wendigsten Menschen schlechthin sind und daß es nur darauf ankommt, daß ihre Zahl zunimmt, auf daß die heilenden Kräfte des wahrhaftigen Lebens durch sie in unserer Welt zur Offenbarung gelangen.

4.

Der Mensch verbindet sich über den Atem mit der Schöpferkraft und wird so am Leben erhalten. Hört das Atmen auf, so hört der Körper auf zu leben. Mit diesem Wissen um die Beziehung des Menschen zu der Schöpferkraft über den Atem wird dieser Vorgang erst in seiner Bedeutung für unsere Vergeistigung erkennbar. Die Luft, die wir atmen, wird zu Prana, zu der alle Schöpfung durchströmenden Kraft des Schöpfers. Wir beginnen, meditativ zu atmen, d. h. wir versenken uns in die Kraft des Seins, an der wir durch den Atem teilnehmen. Wir atmen bewußt das göttliche Geheimnis des Lebens ein, und wir erleben, daß dieses Atmen eine andere Wirkung auf unseren Körper ausübt, als wenn wir ohne Bewußtsein seiner Schöpferkraft atmen. Das meditative Atmen ist die lebendige, bewußte Teilnahme an unserem Ursprung, die uns fortwährend belebt und beseelt.

Weil der Mensch ohne Ausrichtung auf seine geschöpfliche Situation erzogen wird, die ihn unlösbar an die Kraft des Schöpfers bindet, damit der Sinn seiner Schöpfung aufgeht und er zur Vermittlung dieser Schöpferkraft wird, die sich als dieser Mensch manifestiert hat, kommt es nicht zur Menschwerdung des Menschen nach der Konzeption des Schöpfers.

12302

Der Mensch verbleibt außerhalb des Bewußtseins für die in ihm wesende Schöpferkraft, und er vermag deshalb nicht, sie zu aktivieren, auf daß sie seine Schöpfung vollendet. Ohne Bewußtwerdung dieser Kraft in seiner Schöpfung und ohne ihre Einbeziehung bleibt der Mensch unter dem Verhängnis des verlorenen Sohnes, und mit allen Anstrengungen von sich aus muß er erleben, daß er unfähig bleibt, seinen geschöpflichen Sinn zu erfüllen und zur Offenbarung dieser Kraft zu werden.

Die uns zu einem Pseudo-Leben verurteilende Bewußtlosigkeit gegenüber der uns innewohnenden Schöpferkraft muß überwunden werden, wir müssen uns erkennen als diese Kraft in Offenbarung, und wir müssen sie ohne Unterlaß in unser Bewußtsein hereinbeten. Je bewußter wir dieser Kraft in uns leben, um so stärker wirkt sie sich in uns aus, und wir kommen hinein in eine Beziehung zu ihr in allen ihren unendlichen Manifestationen. Wir werden uns der Seinskraft bewußt, und wir erkennen, daß alles Geschaffene diese Kraft ist und daß wir deshalb eingebettet sind in einer leben-gebenden Einheit mit allem Leben. Mit diesem Wissen und mit der Hinwendung zu dieser Kraft in uns beginnt die Vergeistigung und Vergöttlichung unseres Lebens.

Daß diese Umkehr zu der Schöpferkraft in unserer Schöpfung und die Einkehr in sie den Menschen unter die Bewirkung dieser Kraft stellt und ihn zu neuem Leben führt, können wir an dem Leben derer erkennen, die wir als Erleuchtete und Wiedergeborene bezeichnen. Eine gänzlich neue Situation tritt für den verlorenen Sohn ein, wenn er seine Wahrheit erkennt als Sohn Gottes und sich zu dieser Wahrheit bekennt. Die Aktivierung dieser Wahrheit wirkt auf die gesamte Schöpfung des Menschen bis in alle seine Zellen hinein verwandelnd und erneuernd. Der Mensch wird durch ein neues Bewußtsein bis in das Körperliche hinein verändert, denn der Körper ist ein Instrument des Bewußtseins des Menschen, und er gibt seinen Bewußtseinsinhalten Ausdruck im Sichtbaren. Was ein Mensch in seinem Geist bewegt, bewegt jede Zelle seines Körpers, weshalb es verständlich ist, daß das Aufwachen zu dem Bewußtsein des in uns wesenden Schöpfergeistes und die Ausrichtung auf diesen Geist den Körper in allen seinen Funktionen unter die Heilkräfte dieses Geistes stellt. Daß der schöpfergeist-erfüllte Mensch heilend auf alles Leben um sich wirkt, daß er als harmonisierend und erlösend auf seine Umwelt erlebt wird, ist deshalb eine Realität, weil hier eine gänzlich andere Situation eingetreten ist: die Hinwendung zu der Kraft des Heiligen in seiner Schöpfung, und damit geht diese Kraft von diesem Menschen aus.

Mit der Bewußtwerdung dieser Kraft des Schöpfers in der eigenen und der Welt Schöpfung und mit der Ausrichtung auf diese Kraft beginnt im Menschen erst das wirkliche, das seinsmächtige Leben sich auszuwirken. Es kommt zu einer zunehmenden Beziehung zu dieser Kraft in allem Geschaffenen, und der Mensch erkennt Gott als alles in allem, und er erkennt, daß es folglich nichts gibt als Gottes Kraft in der Unerschöpflichkeit der uns umgebenden Schöpfung. Mit jedem Atemzug atmen wir die Kraft des Schöpfers ein, und diese Kraft hält uns am Leben. Je bewußter wir atmen, um so stärker werden wir von dieser Kraft belebt und beseelt. Je bewußter wir unser Auge hindurchdringen lassen zu der hinter der Erscheinungswelt wesenden Kraft des Schöpfers, um so mehr erleben wir den Einstrom dieser Kraft in uns. Dasselbe gilt von allen unseren Sinnen, die nur die äußere Welt aufnehmen, bis wir erwacht sind zu der Wirklichkeit der Schöpferkraft in allem Geschaffenen und uns damit verbinden. Dann dringen wir mühelos hindurch zu der Innenseite des Lebens, und wir werden von seinen Energien erfüllt. Die übersinnliche Welt ist die Welt der unsichtbaren Schöpferkraft, und mit ihr verbunden, sind wir erst wahrhaft lebendig, inwendig des Reiches Gottes als des Reiches, wo der Schöpfergeist herrscht.

Atmen wir, so atmen wir Gottes Kraft in uns hinein, sehen wir, so sehen wir diese Kraft in Tätigkeit in allem, was lebt, hören wir, so hören wir den Widerhall dieser Kraft. Alle unsere Sinne nehmen teil an der unsichtbaren Gegenwart des Schöpfergeistes, und je bewußter wir dieser Gegenwart Gottes sind, um so stärker werden wir von ihr bewirkt, belebt und beseelt. Mit der Wiedergeburt werden wir teilhaftig aller Kräfte und Klarheiten des Lebens aus dem Ursprung, und wir haben die Fülle des Lebens, und unsere Freude ist vollkommen. Und was verstehen wir unter der Wiedergeburt anderes als die Richtigstellung unseres Lebens vor der Kraft des Schöpfers, aus der alles Leben hervorgeht. Der Wiedergeborene ist der integrierte Mensch, der zu seinem Ursprung zurückgekehrte, der von sich bekennt: „Ich und der Vater sind eins, wer mich sieht, der sieht den Vater, der mich gesandt hat."

Erst wenn der Mensch in diese Beziehung zu seinem Ursprung hineinkommt und sich mit Ihm ständig verbindet in dem Bewußtsein, daß der Schöpfergeist sein wahres Leben ist, dann sind die Irrwege des verlorenen Sohnes zu Ende, und das Reich Gottes tut sich auf, und der Mensch erkennt seine Zugehörigkeit zu diesem Reich und weiß, daß er über seine Kräfte und Klarheiten verfügen kann als Sohn und Erbe dieses Reiches. Das Gleichnis vom verlorenen Sohn läßt uns erkennen, welche grundsätzlich andere Situation eintritt, wenn die Umkehr zum Vater vollzogen wird. Die Nöte und Verderbnisse seiner Sonderung sind dann aufgehoben, und der Vater führt ihn hinein in sein Reich, und von nun an ist er der Herrlichkeit des ewigen, des von Gott ausgehenden Lebens anheimgegeben. „Sohn, alles was mein ist, ist Dein." Der Mensch ist verwandelt, bewirkt und erfüllt von den Lichtkräften seiner Wahrheit, und alle Begrenzung, alle Not sind von ihm genommen. Er atmet das göttliche Geheimnis seines Lebens ein, und er steht in der Macht seiner Kindschaft zu Gott.

III. Erleuchtung, die zur Heiligkeit führt

1.

Was verstehen wir unter einer Menschheitserleuchtung? Darunter verstehen wir das Wiederkommen Christi, das für uns identisch ist mit der Ent-deckung des in unserer Schöpfung wesenden Schöpfergeistes. Er ist das Wort Gottes, der Logos, Christus in uns, das Licht, „das alle Menschen erleuchtet, die in diese Welt kommen. Es ist in der Welt, und die Welt ist durch dasselbe gemacht, aber die Welt erkennt es nicht. Aber allen, die es erkennen und annehmen, gibt es Macht, Kinder Gottes zu sein." Es ist dieses Licht, „aus dem alles gemacht ist, was gemacht ist, und ohne das nichts gemacht ist, was gemacht ist", das uns berechtigt, von der Möglichkeit einer Menschheitserleuchtung zu sprechen. Wenn das Licht des Schöpfergeistes unser Urheber ist, so müssen wir zur Erleuchtung unserer Welt werden, wenn wir dieses Licht erkennen und es in uns wirken lassen.

Wie aber geschieht solches? Wie kann der Mensch aus dem in ihm wesenden Licht der Gottheit leben, wie kann er in die Einheit mit diesem Licht hineinkommen? Dazu gehört eine Bewußtseinsveränderung, die den Menschen erlöst aus dem jetzigen Bewußtsein, in dem er begrenzt lebt im Glauben an seine Vergänglichkeit, und wo er sich identifiziert mit seinem

Körper, seiner Person, ohne Beziehung zu seiner Wahrheit, die der Schöpfergeist ist. Hier ist durch das Verbleiben in einem Vergänglichkeitsbewußtsein die Verbindung mit dem göttlichen Wort, mit dem inneren Licht, unterbrochen, und der Mensch entfaltet ein Pseudo-Leben, ein Teil-Leben, das ihn niemals in die Menschwerdung nach dem Sinne des Schöpfers hineinführen kann.

Wenn wir nun die Ursache dieses unerleuchteten Zustandes erkennen als darin liegend, daß wir bewußtlos leben gegenüber dem in unserer Schöpfung manifestierten Urlicht des Schöpfers, so müssen wir doch mit Recht die Hoffnung haben, daß, wenn diese Bewußtlosigkeit aufgehoben wird und wir in die Bewußtwerdung des inneren Lichtes hineinkommen, wir von diesem Licht erleuchtet werden. Wir können dieses Licht nicht erzeugen, es hat uns erzeugt; folglich können wir ohne Anstrengung von uns aus erleuchtet werden, wenn wir uns auf dieses Licht besinnen und es ständig in unser Bewußtsein hereinnehmen. Erleuchtung ist noch nie entstanden durch das Bemühen des Menschen von seinem Geist aus, sondern sie geschah von selbst, wenn der Mensch sich mit seinem Ursprung in eins setzte, wenn er seine geschöpfliche Situation erkannte und sich unter den Geist des Schöpfers stellte. Dieser Geist ist „das Licht, das alle Menschen erleuchtet, die in diese Welt kommen." Es ist also nicht eine Frage der Auserwähltheit und der besonderen Bevorzugung eines Menschen, die ihn zur Erleuchtung kommen lassen, sondern die Erkenntnis seiner Wahrheit und das Bekenntnis dazu. Denn die Wahrheit des Menschen ist Gott, und Gott ist Licht, und es ist keine Finsternis in Ihm.

Solange der Mensch in dem Wahn lebt, daß das Licht der Gottheit außerhalb seiner Schöpfung zu suchen ist, daß er sich bemühen muß, durch Gottesdienste und Teilnahme an religiösen Riten und Sakramenten Gott nahe zu kommen, solange bleibt er in der Sonderung von dem in seiner eigenen Schöpfung wesenden Licht der Gottheit. Alle seine noch so eifrigen Bemühungen, erleuchtet zu werden, müssen scheitern, denn die Erleuchtung des Menschen ist ausschließlich eine Folge der Verbindung mit dem inneren Licht, eine Übergabe des Menschen an den in ihm wirkenden Schöpfergeist.

Es geht allein um diese Einswerdung des Menschen mit dem Göttlichen in sich, um das Bewußtsein, daß er dieses Göttliche ist in der Gesamtheit seiner Schöpfung. Der Weg zu Gott geht also hinein in unsere eigene Schöpfung. Indem wir unseren Geist zum Schweigen bringen, um uns in Ehrfurcht und Liebe auf die Gegenwart des Schöpfergeistes in unserer Schöpfung zu sammeln, um Ihn in jeder Zelle unseres Körpers zu erkennen, um seine nie aussetzende Aktivität in uns anzubeten, beginnt die lebendige Beziehung zwischen unserem Schöpfer und uns als seinen Geschöpfen, und das Licht seines Geistes bricht erleuchtend in unser Bewußtsein herein. Wir erkennen die

Gegenwart des Schöpfergeistes in uns, und alles Suchen nach Gott hört auf, alle Unruhe unseres Herzens in der Sonderung von Ihm ist zu Ende, denn wir finden Ihn als die innerste Wirklichkeit alles dessen, was wir sind, und so sind wir nach aller schmerzlichen Heimatlosigkeit eingekehrt in unsere Ur-heimat.

Darin liegt die Erleuchtung unseres Lebens, daß wir mit dem Licht der Gottheit, aus dem wir entstanden sind, eins werden, und darin erkennen wir auch die Möglichkeit einer Menschheitserleuchtung. Was wir mit der Menschheitserleuchtung meinen, ist deshalb nichts anderes, als daß die Menschheit zurückfindet zu dem Ursprung ihres Lebens und aus seiner Gegenwart in sich lebt. Wer dieses Leben gewinnt, wer sich des Seins in sich bewußt wird und daraus lebt, der ist erleuchtet, weil dieses Leben Licht ist. Es geht hier nicht um eine mühsame religiöse Beschäftigung und Arbeit des Menschen an sich selbst, sondern es geht um die Annahme des Lebens, das unsere Wahrheit ist, es geht um die Liebe zu Gott als um die Synthese mit seiner Gegenwart in unserer Schöpfung. Die Liebe zu Gott ist die Liebe zu seinem Leben in uns und um uns, aus der Erkenntnis heraus, daß Gott alles in allem ist. Wo ist dann der Raum für unser Ego, wenn Gott alles in allem ist? Überwinden wir dieses Ego, stoßen wir durch zu unserem wahren Selbst, so stehen wir vor dem lebendigen Gott, und Er wirkt dann durch uns sein Werk und offenbart seine Herrlichkeit durch uns.

2.

Die Erleuchtung, der Durchbruch zu unserer spirituellen Wirklichkeit, ist für den Menschen möglich, weil er aus dieser Wirklichkeit geschaffen ist. Der Ursprung allen Lebens ist der Schöpfergeist, und dieser Geist ist Licht. Hier ist der Durchbruch der Seele zu dem wahren Bewußtsein erreicht, hier erlebt der Mensch seine existentielle Wahrheit, die der Schöpfergeist ist, „aus dem alles gemacht ist, was gemacht ist, und ohne Ihn ist nichts gemacht, was gemacht ist. In Ihm ist das Leben, und das Leben ist das Licht des Menschen. Und es scheint in der Finsternis (in der Bewußtlosigkeit des Menschen gegenüber seiner Gegenwart), und die Finsternis kann es nicht übermächtigen. — Das ist das Licht, das alle Menschen erleuchtet, die in diese Welt kommen."

Dieses Leben im Menschen, das Licht ist aus dem Urlicht der Gottheit, ist uns verborgen bis auf den Tag der Rückerinnerung des Menschen an seine ständige Gegenwart und seiner Umkehr dazu. Das Aufwachen zu unserer Wahrheit, die der Schöpfergeist ist, und unsere Annahme dieser Wahrheit führen uns hinein in die Erleuchtung als in den Zustand des wirklichen, uns von Gott gegebenen Lebens. Wer in die Kraft hineingeht, die in ihm Leben bewirkt, und diese

Kraft ohne Unterlaß anbetet, betet sie in sein Bewußtsein herein und erlebt dadurch seine Erleuchtung. Das Licht seiner Wahrheit erfüllt ihn bis in alle Zellen seines Körpers. Eine andere Ausstrahlung wird erzeugt durch den Einbruch des Lichts des von Gott ausgehenden Lebens, und der Mensch wird erlöst aus der Finsternis eines Teil-Lebens im Vergänglichen und Willkürlichen. Dieses Erleben der Erleuchtung haben die Menschen als eine besondere Gnade Gottes angesehen, anstatt daß sie darin die Wiedergewinnung ihrer geschöpflichen Zugehörigkeit zu dem allmächtigen Schöpfer erkennen, ihre Richtigstellung vor ihrer Wahrheit als Kinder des Lichts ewigen Lebens.

Die Erleuchtung muß erkannt werden als die Rückkehr des Menschen zu dem ihm gemäßen, von Gott gegebenen Leben. Denn da Gott Licht ist, so ist das Leben seinem Wesen nach Licht, denn aus Gott entspringt alles Leben, und wer mit seinem Ursprung verbunden lebt, ist ein Erleuchteter. Sobald der Mensch seine Wahrheit erkennt als in Gottes Kraft liegend und sich dieser Kraft zuwendet, sie liebt und anbetet, beginnt seine Erleuchtung, das Erfüllt-werden mit dem Licht des wahrhaftigen Lebens. Es sind die Unkenntnis über unsere Wahrheit, das Verbleiben in unserem Ego, das Leben aus unserer willkürlichen Geistigkeit, die uns verurteilen zur Finsternis, die uns ausschließen aus dem Zustand der Erleuchtung. Ohne bewußte Hinwendung zu der Gegenwart des Schöpfergeistes in seiner Schöpfung bleibt der Mensch unerleuchtet. Die

Richtigstellung vor dem Schöpfergeist, die Liebe zu Ihm und das Vertrauen in seine Kraft zur Vollendung unseres geschöpflichen Sinns sind die Voraussetzung für das wirkliche Leben, das ein erleuchtetes Leben ist.

Da Leben in seiner Wahrheit Gottes Leben ist, so ist das wahrhaftige Leben Licht, denn Gott ist Licht, und es ist keine Finsternis in Ihm. Würden wir als Menschen auf dieses Leben Gottes in unserer Schöpfung ausgerichtet werden durch eine in diesem Leben verbleibende Menschheit, so wären wir alle erleuchtet von dem Licht dieses von Gott gegebenen Lebens; aber wir werden hineingeboren in eine Menschheit, die aus dem wirklichen Leben gefallen ist und ein Pseudo-Leben aus ihrer Willkür und Vergänglichkeit aufgebaut hat und uns durch Erziehung und Beeinflussung diesem Pseudo-Leben verhaftet und uns der Finsternis der Gottlosigkeit anheimgibt. Wir werden zur Finsternis verurteilt und leben ohne Bewußtsein für das in unserer Schöpfung wesende Urlicht der Gottheit. Wenn ein Mensch unter uns zur Erleuchtung kommt, so halten wir dieses für eine besondere Gnade Gottes und erkennen darin nicht die Möglichkeit unserer eigenen Erleuchtung. Wir begreifen nicht, daß das, was im Leben eines Menschen geschieht, unter denselben Voraussetzungen als Geschehen in allen Menschen möglich ist. Wenn das Leben nicht in seinem Ursprung Licht wäre, wenn das Leben nicht Schöpfergeist wäre, so könnte kein Mensch vom heiligen Geist erleuchtet werden.

Dieses Wissen, das alles Leben, das vom Schöpfer ausgeht, Licht ist, Kraft, Weisheit, läßt uns die Natürlichkeit der Erleuchtung begreifen, läßt uns erkennen, daß wir durch unsere Schöpfung Zugang haben zu der Kraft und Weisheit des Schöpfergeistes. Es bedarf nur unseres Aufwachens zu unserer existentiellen Wahrheit als einer Offenbarung des Schöpfergeistes und unserer Hinwendung zu diesem Geist, sollen wir unter seine Bewirkung kommen, sollen wir unsere Erleuchtung erleben, sollen wir teilnehmen können an der Kraft und Weisheit des ewigen Lebens. Uns trennt von diesem Leben nur unsere Bewußtlosigkeit gegenüber der Tatsache, daß wir dieses Leben sind in Offenbarung. In der Gesamtheit unserer Schöpfung, bis in alle Zellen unseres Körpers hinein, ist das Licht des ewigen Lebens anwesend, aber wir müssen es entbinden durch unsere Annahme seiner ständigen Gegenwart. Durchstoßen wir die Begrenzung unseres Teil-Lebens im Vergänglichen und erkennen wir unsere Zugehörigkeit zu dem Schöpfergeist und bekennen wir uns ohne Unterlaß zu diesem Geist, so stehen wir in der Erleuchtung unseres Lebens, und die Kräfte des göttlichne Seins stehen uns zur Verfügung. Wir werden wahrhaft lebendig, was identisch ist mit gotterfüllt, denn Gott ist das Leben allen Lebens, die Kraft aller Kraft, die Weisheit aller Weisheit.

So verstehen wie die Erleuchtung als den Durchbruch zu unserer existentiellen Wahrheit als Schöpfergeist in Manifestation, und daraus ergibt sich unsere Hinwendung zu diesem Geist in unserer Schöpfung, die tägliche Sammlung auf das innere Licht, die Anbetung der Gegenwart des Schöpfers. In jedem Atom unseres Körpers wartet die Kraft des Schöpfers auf ihre Entbindung durch unsere Bewußtwerdung ihrer ständigen Gegenwart. Diese Kraft über alles zu lieben, sie in unseren Geist hereinzunehmen, auf daß sie sich zur Vollendung unserer Schöpfung auswirken kann, das ist unsere vornehmste Aufgabe, sollen wir wahrhaft lebendig werden, was identisch ist mit dem Zustand der Erleuchtung.

3.

Der Erleuchtete ist der im Bewußtsein des inneren Lichts lebende Mensch, der sich der Gegenwart Gottes in seiner Schöpfung bewußt gewordene Mensch. Er hat die Begrenzung im Ego- oder dem Vergänglichkeitsbewußtsein gesprengt und steht im Erleben des in ihm wesenden Schöpfergeistes, und je inniger er sich mit diesem Geist verbindet, um so erleuchteter wird er. Erreicht er die Einheit mit diesem Geist, so ist er wiedergeboren, hineingeboren in seine Wahrheit und damit Mensch geworden im Sinne des Schöpfers, Ihm zur Offenbarung und zur Verherrlichung. In der Ganzheit seiner Schöpfung ist er dann mit den Lichtkräften des ewigen als des wirklichen Lebens erfüllt, er ist der Mensch vom Himmel, der über allen und allem ist, „der Erstgeborene unter allen Kreaturen, das Ebenbild des unsichtbaren Gottes, in dem verborgen liegen alle Schätze der Weisheit und der Erkenntnis, denn in ihm wohnt die Fülle der Gottheit leibhaftig."

Das ist der Mensch in Christus, der eins geworden ist mit dem Schöpfergeist und von sich bekennen kann: „Ich und der Vater sind eins, wer mich sieht, der sieht den Vater, der mich gesandt hat." Das Licht des Urlichts bricht durch diesen Menschen hindurch und erleuchtet die Welt. Der Mensch, den Gott schuf sich selbst zum Bilde, ist hier offenbar geworden. Dieser

9364

Mensch ist geschöpflich vor dem Schöpfer richtiggestellt, und Gott vollendet mit seiner Kraft diese seine höchste Schöpfung. Das Bekenntnis dieses Menschen ist gültig für den wahren Menschen: „Ich kann von mir selbst nichts tun." „Der Sohn (der mit dem Ursprung eins gewordene Mensch) tut von sich selbst nichts." Es ist hier der Geist des Schöpfers, der sich selbst kundtut durch sein Geschöpf Mensch. Das Geschöpf, das aus seiner Willkür lebt und über diese Schöpfung Gottes selbst herrscht, ist der verlorene Sohn, der aus der Einheit mit seinem Ursprung Gefallene, der unweigerlich der Sinn-losigkeit anheimfällt. Hier ist die nach dem Willen des Schöpfers vorgesehene Menschwerdung unterbrochen, und das Irren im Vergänglichen, das Verderben und die Entartung sind die Folge. Hier entfaltet der Mensch aus seinem Geist ein Pseudo-Leben, das niemals seinen geschöpflichen Auftrag als Gott offenbarend verwirklichen kann, das niemals zur Erleuchtung wird, weil die Dimension des Schöpfergeistes nicht einbezogen ist. Der aus seiner Vergänglichkeit und Willkür lebende Mensch mag alle seine Kräfte aufbieten, um aktiv für seine Welt und ihr Heil zu wirken, er vermag nicht, zum Licht und zum Heil zu werden, solange er nicht geschöpflich vor Gott richtiggestellt lebt und nicht erkennt, daß er aus sich selbst nichts tun kann, sondern daß er nur in der Verbindung mit dem göttlichen Ursprung zum Licht der Welt werden kann.

Erst mit der Erkenntnis unserer geschöpflichen Situation und der daraus sich ergebenden Abhängigkeit von dem Wirken des Schöpfergeistes, aus dem wir entstanden sind, um in unserer Schöpfung vollendet zu werden, begreifen wir die Notwendigkeit der Umkehr zu diesem Geist, die nicht verstanden werden darf als eine religiöse Forderung im überlieferten Sinne, sondern als eine Lebens-notwendigkeit schlechthin, die unser Sein oder Nicht-Sein entscheidet. Wir müssen in der ständigen Einheit mit dem Schöpfergeist leben, um Menschen zu werden, die diesen Geist durch sich wirksam werden lassen zur Vergeistigung als zur Vergöttlichung unserer Welt. Die Konzeption des Menschen liegt im Geist des Schöpfers, und nur dieser Geist verwirklicht diese Konzeption. „Gott schuf den Menschen sich zum Bilde", das ist die Konzeption des Menschen, und wie können wir Gott zum Bilde werden ohne die Einheit mit Ihm! Sondern wir uns von dem göttlichen Ursprung, so kommen wir unter den Fluch des verlorenen Sohnes, und wir werden verpaßte Inkarnationen des Schöpfergeistes, zur Sinn-losigkeit verurteilt. Potentiell bleiben wir Kinder Gottes, Erben ewigen Lebens, aber solange wir dieses Erbe nicht erkennen und nicht annehmen, kann es sich nicht auswirken, und wir kommen nicht hervor in der Macht unseres göttlichen Ursprungs. Sobald wir aber aufwachen zu dem, was wir eigentlich sind: Schöpfergeist in Manifestation, und uns diesem Geist hinwenden, beginnt Er sein erlösendes Werk in uns.

Das Gleichnis vom verlorenen Sohn geht uns alle an,

denn wir sind alle durch eine geschöpflich verkehrt lebende Menschheit in der Bewußtlosigkeit gegenüber unserer Wahrheit erzogen und rechnen nicht mit dem Einbruch des Schöpfergeistes zur Verwandlung und Neuschöpfung unseres Lebens. Wir halten das Anjetzige Pseudo-Leben aus unserem Geist, gelebt in Anpassung an die herrschende willkürliche Geistigkeit, für das uns gegebene Leben und finden uns stumpf mit allen Nöten und Verhängnissen, die daraus entstehen, ab. So setzen wir die Irrwege des verlorenen Sohnes fort und tragen bei zur Verfinsterung unserer Welt, erleben in immer wachsendem Maße, daß der Mensch das größte Unheil dieser Welt ist, der Widersacher der göttlichen Ordnung, der Feind des Lebens schlechthin. Wir befinden uns so tief in der Bewußtlosigkeit gegenüber unserer Wahrheit als höchste Geschöpfe des unsichtbaren Schöpfers, daß wir unser ungöttliches, unmenschliches Wirken in dieser Welt als eben „menschlich", d. h. unvollkommen und unheilig ansehen. Daß wir damit eine Gotteslästerung begehen, erkennen wir nicht. Wie kann Gott eine solche unvollkommene Schöpfung geschaffen haben, wie kann Er zuständig sein für ein Geschöpf, das nicht nur sich selbst, sondern der ganzen ihm unterstellten Schöpfung zum Verhängnis wird! Sollte Er ausgerechnet seinem höchsten Geschöpf nicht jene sinn-erfüllende Kraft mitgegeben haben, die jede Schöpfung um uns offenbart: die Kraft schöpferischen Lebens zur Erfüllung des jeweiligen Sinns?

Nein, Gott hat uns Menschen seinen Geist gegeben, den wir als die menschbildende Kraft des Schöpfers in uns erkennen und zu dem wir uns bekennen müssen. Wir sind dieser Geist in der Offenbarung als Menschen, aber da wir nicht ausgerichtet werden auf diesen Geist, nicht bewußt seiner Gegenwart in uns leben, kann er sich nicht in uns auswirken. Wir verbleiben außerhalb des Reiches Gottes als außerhalb des wirklichen Lebens, das nur in der Einheit mit dem Schöpfergeist sich entfalten kann, und wir werden erzogen zur Entwicklung unseres vergänglichen Geistes und nehmen die Führung über unser Leben selbst in die Hand. Die verderblichen Folgen, die daraus entstehen müssen, nehmen wir hin als das Los des Menschen in dieser Welt, und wir erdulden sie in der Hoffnung auf eine bessere Welt jenseits des Todes. Wir stellen uns selbst als Geschöpfe nicht in Frage, wir forschen nicht darnach, ob wir uns dem Schöpfer unseres Lebens gegenüber richtig verhalten. Wir gehen davon aus, daß der Mensch eine unvollkommene Schöpfung ist, der Erbsünde unterworfen, unfähig zur Gottesoffenbarung. In der Erforschung menschlichen Verhaltens und seiner Möglichkeiten gehen wir von dem Zustand des unerleuchteten, des seiner Wahrheit entfremdeten Menschen aus und müssen zu dem Ergebnis kommen, daß der Mensch in sich unvollkommen ist und daß wir uns damit abfinden müssen, daß unsere Welt von diesem Menschen geprägt und gestaltet wird.

Welche Unwissenheit um die Allmacht und Allgegenwart Gottes liegt in dieser Folgerung, daß der Mensch ein dem Irren und dem Verderben ausgeliefertes Geschöpf ist, unfähig, seinen geschöpflichen Auftrag zu erfüllen! Von Gott ausgegangen, ist der Mensch in seiner Schöpfung göttlichen Wesens, und wenn er sich dieses göttlichen Ursprungs bewußt wird und sich im Glauben und im Vertrauen, in der Liebe und in der Anbetung diesem Göttlichen zuwendet, beginnt seine Erlösung aus der Gebundenheit an eine willkürliche Geistigkeit, die ihn dem Los des verlorenen Sohnes ausliefert. Es ist ausschließlich Gott, der seine Schöpfung mit seiner Kraft vollendet, und solange der Mensch diese Kraft Gottes in sich nicht erkennt und nicht annimmt, bleibt er außerhalb ihres Wirkens. Die Er-innerung, das Innewerden seines göttlichen Ursprungs und die Umkehr dazu erlöste den verlorenen Sohn aus der ausweglosen Situation seiner Not und ließ ihn hineinkommen in das ihm zukommende Erbe ewigen Lebens.

So gibt es für keinen Menschen einen anderen Weg zur Heilung und Erlösung aus allen Nöten und Verderbnissen seiner Gott-losigkeit als die Besinnung, die Bewußtwerdung der in ihm wesenden menschbildenden Kraft Gottes und die ständige Annahme dieser Kraft. Das Licht ewigen Lebens ist durch unsere Schöpfung in uns, aber solange wir uns nicht mit diesem Licht verbinden, können wir davon nicht erleuchtet werden. Der Erleuchtete ist der auf das Licht in sich ausgerichtete Mensch, und solange diese Ausrichtung nicht geschehen ist, bleibt der Mensch mit noch so hoch entwickelter willkürlicher Geistigkeit ein Unerleuchteter. Wir werden keine Menschen, die Gott offenbaren, solange wir nicht Gott erkennen als unser Leben und uns nicht diesem göttlichen Sein unterordnen. Wir sind in allem, was wir sind, eine im Sichtbaren manifestierte Geistkraft der Gottheit, aber ohne die Bewußtwerdung dessen, daß wir diese Geistkraft Gottes sind, und ohne unsere fortwährende Anbetung dieser Kraft bleibt sie in uns nur potentiell vorhanden, aber sie kann uns nicht erleuchten, nicht in die Macht unserer Gotteskindschaft hineinführen. Uns zu dem Licht Gottes in uns zu bekennen, ist der Weg zur Erleuchtung.

4.

„Diese Welt vergeht, aber die Welt Gottes bleibt in Ewigkeit." Ja, wahrhaftig, diese Welt des von Gottes Wirklichkeit in sich gesonderten Menschen vergeht ständig. Wir erleben dieses Vergehen, diese Unbeständigkeit alles dessen, was aus der Willkür des Menschen entsteht, wir erwarten keine Endgültigkeit in dem, was geschieht, sondern alles, was einen Anfang hat, hat ein Ende, alles was erkannt wird, wird von den nächsten Erkenntnissen aufgehoben, alles was als Wahrheit proklamiert wird, erweist seine Vergänglichkeit. Diese Welt, die aus der willkürlichen Geistigkeit des Menschen entsteht, hat keine Gültigkeit, denn der Mensch der Willkür ist nicht der vor Gott gültige Mensch. Er entfaltet aus seinem Geist eine un-göttliche, eine zutiefst un-wirkliche Welt, in die das Wirkliche, der Schöpfergeist, nicht einbezogen ist. Aus der Welt des noch in sich unheilen Menschen kann nichts Heiles hervorgehen, denn die Welt spiegelt den Zustand des Menschen; der Mensch ist seine Welt. Gleichwie der heile Mensch eine heile Welt spiegeln wird, so ist der unheile Mensch dazu verurteilt, eine unheile Welt zu zeugen. Dieses in der Welt aufkommende Böse zu bekämpfen, ist sinnlos, denn die Ursache des Bösen liegt in der geschöpflichen Verkehrtheit des Menschen und kann nur durch die Überwindung dieser Verkehrtheit aufgehoben werden. Das Böse an sich als Wirklichkeit gibt es nicht, denn da Gott der Urheber alles dessen ist, was ist, so wäre das Böse ein Erzeugnis Gottes. Das Böse in unserer Welt ist die Abwesenheit unseres Lebens von dem allein Guten, und es kann nur überwunden werden, wenn diese Abwesenheit zu Ende kommt und wir die Einheit mit dem allein Guten, mit Gott, gewinnen.

Das ständige Vergehen unserer Welt ist deshalb der Beweis schlechthin für ihre Ungültigkeit und Ungerechtigkeit. Erst durch die Ausrichtung des Menschen auf das Reich Gottes in sich, auf das allein Gute, beginnt dieses Reich, sich in dieser Welt zu offenbaren, und dieses Reich ist der Vergänglichkeit nicht unterworfen. Was jemals durch einen Menschen aus dem Göttlichen hervorgekommen ist, hat Gültigkeit über alle Zeiten hinaus. Dieses beweist die Auswirkung, die das Leben der Heiligen und der Gott liebenden Menschen in allen Zeiten auf die Welt ausübt. Der mit dem Göttlichen in sich verbundene Mensch hat eine Wirkenskraft, die von der Zeit nicht begrenzt ist. Er lebt und wirkt über Jahrtausende hinaus und bestätigt so die Aussage, daß das Reich Gottes in aller Ewigkeit Bestand hat. Ein Buddha, ein Laotse, ein Jesus von Nazareth, ein Paulus, ein Johannes werden nicht überholt von der Zeit. Sie sind durchgestoßen zu dem Reich göttlichen Seins, sie haben ihre Verbindung mit ihrer Gotteswirklichkeit erreicht, sie lebten aus der Gegenwart des Schöpfergeistes, und somit bleiben sie in Ewigkeit in unantastbarer Gültigkeit bestehen, wenn die Mächtigen dieser Welt schon längst vergessen sind. In dem Ausmaß, wie sie heilig wurden als in ihrer Schöpfung heil, bleiben sie über alle Zeiten hinweg das Heil für die Welt. Die Wirkenskräfte ihrer Seele als ihrer Gotteswirklichkeit bleiben lebendig und wirken ausrichtend auf die Seele der Menschen. Sie sind wahrlich das Licht der Welt und das Salz der Erde, nicht nur in ihrer Zeit, sondern für alle Ewigkeit.

Diese Erkenntnis, daß im Menschen durch seine Schöpfung die Kräfte des Reiches Gottes als die Kräfte des wirklichen, des ewigen Lebens verborgen liegen, läßt uns die Wirkenskraft der Heiligen verstehen, die über alle Zeiten hinaus erhalten bleibt als eine Selbstoffenbarung dieses ewigen Lebens in ihrer Schöpfung. Das Hindurchstoßen eines Menschen zu der Dimension des Schöpfergeistes in ihm, die geschöpfliche Richtigstellung vor dem Schöpfer läßt die Möglichkeit der Heiligkeit des Menschen aufleuchten. Damit ist der Heilige anzusehen als der in seiner Ganzheit lebende Mensch, und er ist damit nicht als eine Ausnahmeerscheinung menschlichen Lebens zu betrachten, nicht als ein von Gott besonders Erwählter, der für uns keine Bedeutung hat. Er ist der uns am tiefsten angehende Mensch schlechthin, er hat die Aufgabe, das Gericht über uns zu halten im Sinne der Ausrichtung auf die in unserer Schöpfung verborgene Gotteswirklichkeit.

Hier leuchtet das Verständnis für das Wort auf: „Sage dem ganzen Volke Israel: ‚Ihr sollt heilig sein, denn ich, Euer Gott, bin heilig'." Was von Gott, von dem Schöpfer, geschaffen ist, hat in sich heiliges Leben, und dieses Leben zu offenbaren, ist die Aufgabe des Menschen. Er ist nicht geschaffen, um aus seiner Vergänglichkeit zu leben und diese Schöpfung Gottes in den Dienst seiner Willkür zu stellen. Daraus folgen mit Notwendigkeit Verderben und Sinnlosigkeit. Dieser von dem Göttlichen in sich abgefallene Mensch gestaltet aus seiner willkürlichen Geistigkeit eine Welt, die vergeht, die vor Gott ungerecht und ungültig ist. In dieser Welt ist das Böse, das Verkehrte, ständig im Wachsen, hier herrscht das Ego des Menschen, hier leben die Menschen außerhalb des Reiches Gottes, außerhalb des Reiches, wo der Schöpfergeist herrscht, hier nimmt das Chaos fortwährend zu. Es ist die Welt des verlorenen Sohnes, die Welt des Unheils, denn der Mensch, der hier herrscht, ist in sich unheil.

„Diese Welt vergeht", sie steht ständig im Vergehen, und keine noch so eifrigen Anstrengungen des Menschen, seine Welt vor dem Vergehen zu retten, haben Aussicht auf Erfolg. Sie ist nicht die Welt Gottes, sie vermehrt nicht die Macht des Schöpfers in seiner Schöpfung, sie dient nicht dem Kommen des Reiches Gottes in diese Welt, und so bleibt sie unter dem Verhängnis des Gerichtes bis auf den Tag, wo das Endgericht kommt und die Ausrichtung auf das im Menschen wesende Heilige einsetzt, das zusammenfällt mit dem Wiederkommen Christi, das wir verstehen müssen als die endgültige Offenbarung der Wirklichkeit Gottes im Menschen. Wie dieses geschehen wird, bleibt uns verborgen, aber wir ahnen in diesem Geschehen den Aufbruch des Schöpfergeistes im menschlichen Leben, den endgültigen Durchbruch des Menschen zu der Dimension seiner Seele. Was im Innersten des Menschen gebunden liegt unter der Herrschaft seiner willkürlichen Geistigkeit, diese übersinnliche Wirklichkeit seiner Wahrheit als von Gott geschaffen, Träger ewigen Lebens, wird eines Tages aus den unbewußten Bereichen entbunden werden und den Menschen mit den gewaltigen Kräften seiner Gotteskindschaft überfluten. Eine gänzlich neue Art des Lebens wird entstehen, ein Leben von innen nach außen, ein schöpferisches Geschehen, das sich des Menschen bemächtigt und ihn in eine Entfaltung seiner göttlichen Natur hineinführt. Die Macht der Kindschaft zu dem allmächtigen und allgegenwärtigen Schöpfer wird sich entwickeln, und dieser Mensch, der in der Einheit mit dem Ursprung lebt, wird aus noch verborgenen Tiefen schöpferischen Lebens die Kraft holen, das Reich Gottes in dieser Welt zu verwirklichen. Mit seinem Hervorkommen ist das Endgericht über den ungöttlichen, den unheiligen Menschen gekommen, und von nun an wird die Menschheit ihren Sinn erkennen und um ihr wahres Ziel wissen, das darin liegt, Gott in dieser Welt zu offenbaren.

IV. Erleuchtete und Heilige

1.

Der erleuchtete Mensch ist der Mensch, der vom inneren Licht seiner Seele überwältigt ist, der sich selbst in seiner Wahrheit erkennt, der seine Gotteskindschaft bewußt erlebt. Er ist also der wahrhaftige Mensch schlechthin, denn der Mensch als ein Geschöpf Gottes hat teil an dem göttlichen Licht und ist zur Offenbarung dieses Lichtes bestimmt. Wenn also ein Mensch seine Wahrheit erkennt und in der An-betung dieser Wahrheit lebt, kann er gar nicht vermeiden, daß er von dieser Wahrheit er-leuchtet wird. Der Un-erleuchtete ist demnach der Mensch, der unter dem Fluch der Selbstentfremdung steht, der seine geschöpfliche Beziehung zu Gott nicht erkennt und der nicht in der An-betung Gottes lebt. Er ist der Mensch dieser vergänglichen Welt, verhaftet den Mächten der willkürlichen Geistigkeit, noch außerhalb seiner Gotteswirklichkeit als seiner Seele lebend und deshalb nicht von ihrem göttlichen Licht er-leuchtet, nicht fähig, dieses Licht bei den Erleuchteten zu sehen.

Diese beiden Typen schließen sich aus, denn sie leben aus verschiedenen Dimensionen. Sie haben keine befruchtende Gemeinschaft miteinander, denn sie leben nicht vereint in dem von urher Gemeinsamen, in dem göttlichen Ursprung. Wenn auch der Erleuchtete oder der in das Geheimnis menschlichen Lebens Eingeweihte die Situation des Unerleuchteten erkennt und begreift, weil er sie an sich selbst erfahren hat, bevor er den Durchbruch zu seiner Seele erlebte, so kann der Unerleuchtete keine Erlebniskräfte für den Zustand des seelisch Lebendigen haben. Es liegt an der Liebe und an dem Verständnis des in seiner Seele lebenden Menschen, den anderen aus der Begrenzung im Vergänglichen zu erlösen durch einen unbeirrbaren Glauben an das in ihm verborgene Licht seiner Seele. Denn dieses Licht ist „das wahrhaftige Licht, das alle Menschen erleuchtet, die in diese Welt kommen." Es ist das Wort Gottes im Menschen, „der Logos, aus dem alles gemacht ist, was gemacht ist, und ohne denselben ist nichts gemacht, was gemacht ist."

„Ihr seid das Licht der Welt, ich bin das Licht der Welt", war das Bekenntnis des zum Logos, zum Göttlichen in sich, durchgestoßenen Menschen Jesus. Und welche andere Aufgabe hat das Licht, als die Welt der Finsternis zu erleuchten? Der Mensch, der das Licht in sich entdeckt hat, muß fortwährend diesem Licht nachgehen, muß es lieben und anbeten und nichts anderes verlangen als die absolute Einheit mit dem Licht. Diese Einheit wird durch den vor Gott richtiggestellten Menschen offenbar werden, er wird uns zeigen, daß der Mensch die höchste Manifestation des Urlichts in dieser Welt ist. Zu diesen Menschen, die uns kundgetan haben, daß es die göttliche Bestimmung des Menschen ist, Licht zu sein, gehören alle Mystiker und Heiligen, alle Erleuchteten und in die Wahrheit menschlichen Lebens Eingeweihten. Der Umgang mit diesen Menschen spricht das verborgene Licht unserer Seele an, weckt die Hoffnung auf die Erlösung aus der Begrenzung im Vergänglichen, zeigt uns den Weg zurück zu unserer Wahrheit. Was könnte also für die Menschheit von größerer Bedeutung sein als die Beschäftigung mit den Erleuchteten, die Erforschung des Geheimnisses des in ihnen wirkenden und durch sie ausstrahlenden Lichts!

Vielleicht wird es eines Tages nicht mehr heißen, daß ein Mensch erleuchtet ist, sondern wir werden von einem solchen Menschen sagen, daß er im eigentlichen Sinne lebendig ist. Der heutige Mensch ist skeptisch und ablehnend gegenüber religiösen Begriffen und Deutungen, die er nicht nachprüfen oder verstehen kann. Er ist nüchtern, denn seine Bewußtseinsebene ist nicht mehr die des mittelalterlichen Menschen. Er will wissen und nicht glauben, er will erkennen und nicht etwas für wahr halten. Er will die Zusammenhänge durchschauen können, und so wird er andere Begriffe prägen. Seine Erkenntnisse werden ihn vielleicht dazu führen, daß er die Energie des Schöpfergeistes als Licht begreift und folglich annehmen kann, daß ein Mensch, der in der Hinwendung zu dem Schöpfergeist lebt, allmählich davon erleuchtet wird, eine andere Kraft ausstrahlt als der Mensch, der bewußtlos gegenüber diesem Geist des Schöpfers lebt. Es mag sein, daß die Licht-erlebnisse der Mystiker und Heiligen durchaus erklärbar werden durch Erkenntnisse der Ursubstanz allen Lebens, die wir Gott nennen. Wenn es so weit ist, daß das Phänomen der Erleuchteten auf eine den Menschen begreifliche Weise erklärt werden kann und es nicht verlagert wird in undeutbare religiöse Bereiche, werden die Menschen den Weg geöffnet sehen zu ihrer eigenen Erleuchtung und danach verlangen, das verborgene innere Licht zu erreichen.

Das Leben ist Licht, denn Gott ist der Ursprung allen Lebens, und Gott ist Licht. Schöpferkraft ist unermeßliche Lichtenergie, die alles Lebendige durchdringt, bewirkt und zur Sinnerfüllung treibt. Was ist denn natürlicher, als daß ein Mensch, der sich Gott zuwendet, um ganz von Ihm erfüllt zu werden, erleuchtet wird, vom Schöpfergeist erfüllt und somit zur Erleuchtung menschlichen Lebens wird, eines Lebens, das Finsternis bleiben muß, solange die geschöpfliche Beziehung zu Gott nicht erkannt und nicht angenommen wird, solange der Mensch nicht aus Gott, dem Ursprung, lebt, sondern ein Pseudo-Leben aus seiner Vergänglichkeit entfaltet. Christus als das Leben Gottes in uns ist Licht. Also bekennt der Mensch in Christus: „Ich bin das Licht der Welt."

2.

Die Lichterlebnisse der Heiligen und Mystiker aller Zeiten müssen wir erkennen als einen Einbruch des Göttlichen in ihr Bewußtsein. Sie erkannten ihre Wahrheit, die Gott ist, sie wurden sich des Seins bewußt, das in ihnen und in allem Geschaffenen Leben bewirkt; denn das wirkliche Leben ist identisch mit Licht. Die Schöpferkraft, wenn sie entbunden wird in unserer Schöpfung, führt unwillkürlich zu einer Erleuchtung. „Gott ist Licht." So ist Licht offenbartes Leben aus dem Urquell. Wenn ein Mensch gesammelt lebt in Liebe und Anbetung auf die in ihm wirkende Kraft des Schöpfers, so erlebt er immer wieder in verschiedener Stärke Durchbrüche des göttlichen Lebens zu seinem Bewußtsein, die als Lichterlebnisse bezeichnet werden. Selbst im täglichen Leben erleben wir oft ein Aufleuchten eines inneren Lichts, ein Ergriffen-werden von Klarheiten und Kräften, die uns den Weg zeigen heraus aus Nöten und Schwierigkeiten. Das Bewußtsein wird plötzlich überwältigt von einer Kraft, die wir nicht erzeugt haben, die nicht aus unserem Intellekt kommt, sondern aus der Unsichtbarkeit des Schöpfers in unserer Schöpfung.

Die Gott liebenden und Gott zugewandt lebenden Menschen stehen in der stärkeren Beziehung zu dieser

6200

Kraft Gottes in ihrer Schöpfung, und sie erleben demzufolge öfter diese Einbrüche des wirklichen, des göttlichen Lebens in ihr Bewußtsein. Das innere Licht ist ihnen vertraut, sie kennen die Erleuchtung und wissen um ihren Ursprung als in Gott liegend. Gott ist gegenwärtig im Menschen als seine Seele, als Christus in ihm, aber da der Mensch nicht in der Anbetung dieser Gegenwart Gottes lebt, kann sie sich nicht bei ihm auswirken, findet sie keinen Weg hinein in sein Bewußtsein. Je weiter sich der Mensch entfernt von seiner Seele, je stärker seine intellektuelle Entwicklung fortgeschritten ist, um so mehr verleugnet er die Lichterlebnisse der Gott zugewandt lebenden Menschen, weil er keine Erlebniskräfte hat für die Dimension spirituellen Lebens. „Mit sehenden Augen sehen sie nicht, und mit hörenden Ohren hören sie nicht." Sie können nur in der Bewußtlosigkeit gegenüber ihrer Seele mit den äußeren Sinnen die Welt wahrnehmen und haben keinen Zugang zu jener inneren Wirklichkeit, die wir Seele nennen. Wie sollen diese Menschen an etwas glauben können, wofür sie keine Sinne entwickelt haben?

So sind diese außerordentlichen Erlebnisse der seelisch wachgewordenen Menschen, diese Einbrüche einer anderen Dimension, diese Lichterlebnisse der Heiligen und Mystiker wenig beachtet von der Menschheit, und man begreift nicht, daß in diesen Erlebnissen die Menschen dem Geheimnis des Lebens selbst am nächsten gekommen sind. Den Klugen und Gelehrten dieser Welt, den Berühmten im Geiste, ist es mit allen ihren Erforschungen und Erkenntnissen nicht gelungen, an das Geheimnis des Lebens heranzukommen. Dieses ist allein geschehen im Leben der Gott Liebenden und Gott Zugewandten, im Leben der Erleuchteten, der Heiligen und der Mystiker. Sie haben die Schwelle überschritten zum göttlichen Ursprung allen Seins, sie haben die Verbindung hergestellt mit dem Ur-licht, sie haben mit ihrer Übergabe an Gott Kräfte und Klarheiten einer noch unerforschten Dimension enthüllt und uns damit offenbart, daß es diese Dimension gibt. Mögen sie verhöhnt und als Phantasten und Hysteriker hingestellt werden und von den Mächtigen dieser Welt unbeachtet bleiben, sie sind doch für die Entwicklung des wahren Menschen von alleinigem Wert, denn sie enthüllen uns unsere existentielle Wahrheit als in Gott, dem Urlicht, liegend. In ihnen sehen wir die Erstlinge einer neuen Menschheit, die entstehen wird, wenn die Menschen aufwachen zu ihrer geschöpflichen Abhängigkeit von Gott, um zu leben, und sich ihrer Seele als ihrer Gotteswirklichkeit zuwenden. Dann wird der Abschnitt in der menschlichen Geschichte zu Ende gehen, in der die willkürliche Geistigkeit triumphierte, in der der Mensch geschöpflich verkehrt lebte und damit in einer verhängnisvollen Unterbrechung seiner Schöpfung stand, wo es keine Entwicklung des Menschen nach dem Sinne Gottes geben konnte, weil Gott mit seinem Geist nicht in das Leben des Menschen einbezogen war.

Über die ungeheure Bedeutung des erleuchteten, des gotterfüllten Menschen sagt Paulus aus in dem Wort: „Wisset ihr nicht, daß die Heiligen die Welt richten werden?“ Die Heiligen als die mit ihrer Gotteswirklichkeit verbundenen Menschen haben allein die Möglichkeit, uns auszurichten auf diese Wirklichkeit und uns somit in das Heil hineinzuführen. So wie in ihnen, wohnt auch in uns der Schöpfergeist, das Licht ewigen Lebens, unsere unsterbliche Seele, und indem wir zum Bewußtsein dieses Lichtes erwachen, beginnt auch unsere Erleuchtung. Wir werden dann begreifen, daß die Lichterlebnisse der Heiligen keine Einbildungen waren, sondern der Einbruch ihrer Seele in ihr Bewußtsein. Sie erreichten die nächste Stufe in der Entwicklung der Menschheit, die Stufe, wo die menschbildende Kraft Gottes erkannt und in das Leben des Menschen einbezogen wird. Dann werden Kräfte entbunden, von denen wir noch keine Ahnung haben, Kräfte, die geheimnisvoll aufgeleuchtet haben in allen diesen Menschen, die, von Gott erfüllt, im Besitz von Möglichkeiten eines anderen Lebens standen, die wir nicht haben begreifen können, weil uns diese Sinne der Seele fehlten.

3.

Die größte Ent-deckung, die je gemacht worden ist, ist die Ent-deckung, die die Erleuchteten aller Zeiten in mehr oder weniger intensiver Weise machten und weiterhin machen: die Ent-deckung der in ihnen wesenden Seinswirklichkeit, der sie, je nach ihrer Zeit und ihren religiösen Vorstellungen, verschiedene Namen gegeben haben. Aber immer war es der Einbruch schöpferischer Kräfte in ihr Bewußtsein, das Überwältigtwerden von einer bis dahin nicht erlebten Dimension. Eine unsichtbare Kraft überflutete sie mit einem unbekannten Licht, sie wurden ent-rückt, hinaufgehoben in ein anderes Leben, und sie erkannten dieses als eine Rückkehr zum Ursprung, als einen Durchbruch zu einer in ihnen wesenden Wirklichkeit, zu der sie bis dahin keinen Zugang fanden. Diese Erfahrung des inneren Lichts kennzeichnet das Leben aller Erleuchteten. Aus diesem Erleben schöpften sie und schöpfen sie ihre Gotteserkenntnisse und können diese vermitteln. Sie sprechen aus Erfahrung, wenn sie von dem Göttlichen zeugen, und so vermögen sie dieses in uns verborgene und verschüttete göttliche Prinzip anzusprechen, uns in unserer Seele anzurühren.

Wir müssen einst als Menschheit zu der übergeordneten Bedeutung dieser Ent-decker des grundsätzlich anderen Lebens aufwachen und erkennen, daß sie uns

7686

den Weg zeigen heraus aus der Not und dem Verderben unseres Lebens, gelebt in der Enge und Begrenzung des kleinen, zutiefst ungültigen Nicht-Lebens, das wir führen. Sie sind die not-wendigsten Menschen schlechthin, die einzigen, die uns hinausführen können aus den Irrwegen unserer Selbstentfremdung und die die Menschheit erlösen können aus der Gebundenheit an die Mächte der Willkür und der Gottlosigkeit. Sie sind das Licht der Welt in dem Ausmaß, wie das innere Licht durch sie leuchtet. Ihre Transparenz und ihre Hingabe an ihre Wesenswirklichkeit bestimmten ihre Bedeutung für die Menschheitsentwicklung. Sie überdauern die Zeit und bleiben für uns alle so weit als heilende und erlösende Kräfte wirksam, wie wir sie in ihrer Bedeutung erkennen und ihnen nachfolgen auf dem Weg zu unserer eigenen Wesenswirklichkeit.

Alles was der Mensch tut aus dem Bestreben, sein Pseudo-Leben zu erweitern und zu bewahren, muß zu einer Verhärtung und Verdrängung seiner Wesenswirklichkeit führen und dadurch der Menschwerdung im Wege stehen. Diese Kränkung des Eigentlichen führt unweigerlich zur Krankheit und zum Tode. „Der Sonderung Sold ist der Tod."

Wir sterben, weil wir nicht leben, wir werden krank, weil wir unsere Lebenswirklichkeit kränken. Wir werden keine Menschen, weil wir die menschbildende Kraft des Schöpfers in uns nicht erkennen und nicht in unser Leben einbeziehen. Diese unsere Schöpfung ist von dem Wirken der Schöpferkraft abhängig, um in ihrer Heilheit hervorzukommen. Geschieht es nicht, daß wir uns auf diese Kraft in uns ausrichten und sie in unser Bewußtsein heben, erleben wir alle negativen Folgen des mangelnden Einstroms dieser uns belebenden und beseelenden Kraft Gottes. Wir entfalten nicht unsere geschöpfliche Wahrheit, sondern wir erleben eine Entfaltung unseres Pseudo-Lebens, aus dem Ohnmacht, Krankheit und Sinnlosigkeit entstehen müssen.

Wir brauchen nicht in Sehnsucht zu warten, daß Menschen hervorkommen, die uns den Weg zu der Befreiung aus der Not unseres Pseudo-Lebens zeigen. Diese Menschen sind da, sie haben immer in dieser Welt gelebt und gewirkt, aber wir haben sie in ihrer Bedeutung nicht erkannt. Die Erleuchteten sind mitten unter uns, und ihr Licht erleuchtet jeden Tag die Welt. Wir müssen nur erkennen, daß sie da sind und ihre Botschaft annehmen. Wir müssen uns unter die Bewirkung ihres Gott zugewandten Lebens stellen und erkennen, daß wir welt-verhaftet, ich-bezogen und gottfern leben. Es gibt für uns wie für sie keinen anderen Weg, der zum Leben führt, als den Weg der Einswerdung mit dem inneren Geliebten, den Weg der Anbetung unserer Wahrheit. Je tiefer wir eindringen in das Geheimnis des göttlichen Seins in uns und es ohne Unterlaß anbeten, um so näher kommen wir der Wiedergeburt als dem Hineingeboren-werden in das Licht ewigen Lebens in uns.

4.

Ein Mensch könnte nicht erleuchtet werden, wenn nicht in seiner Schöpfung das Licht des Ur-Lichts verborgen läge, wartend auf die Möglichkeit, in seinem Bewußtsein aufzuleuchten, um ihn dadurch in den Zustand der Erleuchtung hineinzuführen. Dieser Einbruch des Urlichtes, das wir als das Göttliche oder den Schöpfergeist erkennen, als den Logos, als das Wort Gottes, hebt den Menschen aus der Enge seines willkürlichen Geistes in die unerschöpfliche Weite des Schöpfergeistes. Der Mensch wird erleuchtet. Diese Erleuchtung oder der Einstrom schöpferischer Kräfte und Klarheiten in den Geist des Menschen kann auf allen Gebieten menschlichen Lebens geschehen, und dieses erklärt das Hervorkommen des schöpferischen Menschen. In unbewußten, noch nicht in das Bewußtsein des Menschen einbezogenen Bereichen liegt das große Geheimnis unserer Urbeziehung zu dem Schöpfer verborgen, welche uns berechtigt zur Teil-nahme an dem schöpferischen Leben, das von Gott ausgeht und zur Offenbarung seines Reiches wird, wenn es von uns erkannt und angenommen wird.

Der Ausdruck: es leuchtet mir ein, zeugt von dem Erleben, daß etwas bis dahin nicht Erkanntes plötzlich in unserem Bewußtsein Einlaß findet, und von wo sonst sollte diese Erleuchtung kommen, wenn nicht in uns die Dimension einer uns noch nicht bewußt gewordenen Welt schöpferischer Kräfte und Klarheiten verborgen läge! Alles was der Mensch im Laufe seiner Geschichte als aufleuchtende Erkenntnisse, auf welchem Gebiet auch immer, erfahren hat und wodurch sein Leben fortwährend verändert wird, wird ihm aus dieser Dimension des Schöpfergeistes gegeben, wenn die Voraussetzung für den Anschluß an diese Dimension eintritt, d. h. wenn der Mensch eine innere Stille erreicht, eine gewisse Passivität seines willkürlichen Geistes, auf daß der Schöpfergeist in seinem Geist Einlaß findet. Daß dieses so selten geschieht, liegt nicht daran, daß das schöpferische Prinzip nur einigen wenigen Menschen innewohnt, sondern allein daran, daß die Menschheit in einer geschöpflichen Verkehrtheit lebt und – eingeengt in ihrer Vergänglichkeit – den willkürlichen Geist entfaltet und aus ihm ihr Leben lebt, anstatt aus dem Schöpfergeist. Die Bewußtlosigkeit gegenüber der Gegenwart des Schöpfergeistes in unserer Schöpfung verurteilt uns zu einem unschöpferischen, ohnmächtigen Dasein, das in Sinnlosigkeit als losgelöst vom Ur-Sinn, von dem Schöpfergeist, sich in sich selbst erschöpft, eine verpaßte Inkarnation des Schöpfergeistes, eine unterbrochene Schöpfung unter Ausschluß des Schöpferprinzips.

Die Verringerung der Anzahl schöpferischer Menschen, das Versiegen der Genialität unter den Menschen, die Seltenheit eines Erleuchteten können wir als Zeugnis dafür ansehen, daß die Menschen sich auf dem Weg des verlorenen Sohnes befinden und dem Wahn verhaftet sind, daß sie aus ihrem willkürlichen Geist heraus fähig sind, ihr Leben zu führen und zu gestalten. Die gesteigerte Intellektualität, die Bemühungen, den Geist des Menschen immer mehr zu entfalten, führen mit Notwendigkeit zur Entwicklung von Technik und Wissenschaft, und sie treiben den Menschen ständig weiter auf dem gefährlichen Weg eines unschöpferischen, unerleuchteten Nicht-Lebens.

Die Seele als das schöpferische Prinzip, als die Verbindungsstelle mit dem Schöpfergeist, als die existentielle Wahrheit des Menschen liegt in unbewußte Bereiche zurückgedrängt, und der Mensch wird von ihren Kräften beunruhigt, er wird durch die Kränkung seiner Wahrheit krank, durch die Trennung von dem in ihm wesenden Schöpferprinzip unvollkommen und unheilig als in seiner Schöpfung unheil.

Es gibt keine Möglichkeit, auf diesem Wege zu einem heilen, zu einem erleuchteten, zu einem schöpferischen Leben zu kommen, denn die Dimension dieses Lebens ist nicht bewußt erkannt und nicht angenommen worden. Der Mensch lebt in seiner Vergänglichkeit, er entfaltet eine willkürliche Geistigkeit, er lebt bewußtlos gegenüber seiner Gotteswirklichkeit, gegenüber dem Schöpfergeist in sich, und folglich kann er an dieser Wirklichkeit, die ihn erst wirklich macht, nicht teilnehmen. Daß es manchmal Momente gibt, wo diese Wirklichkeit zu seinem Bewußtsein durchstößt und ihn erleuchtet, ihn Zusammenhänge und Möglichkeiten erkennen läßt, die ihn hinaustragen aus der Enge seiner willkürlichen Geistigkeit, beweist die Gegenwart einer nicht in sein Leben einbezogenen Dimension schöpferischen Lebens. Die Inspiration, die wir bezeichnen können als eine vom creator spiritus einströmende Kraft in den Geist des Menschen, als eine plötzliche Erleuchtung, ein Aufleuchten des inneren Lichts des Schöpfergeistes im Bewußtsein des Menschen, legt ein Zeugnis ab von unserer Urbeziehung zu dem Schöpfer, von unserer ursprünglichen Teil-habe an dem ewigen, dem schöpferischen Leben.

Wir haben dieses Leben verdrängt durch eine auf die Entfaltung einer willkürlichen Geistigkeit ausgerichtete Erziehung, die uns durch eine geschöpflich verkehrt lebende Menschheit aufgezwungen wird, und deren Fluch niemand entgeht. So können wir nicht das wahrhaftige Leben, das wir als kontinuierlich schöpferisch bezeichnen müssen, gewinnen, sondern wir begnügen uns mit der Tatsache, daß das schöpferische Leben eine seltene Ausnahmeerscheinung ist, vor dem wir, ohne erklären zu können, wie es in Erscheinung tritt, stehen und versucht werden, es als eine besondere Gnade Gottes für besonders erwählte Menschen anzusehen, anstatt daß wir davon bewirkt werden und zu der Erkenntnis dessen kommen, daß dieses schöpferische Leben das uns von Gott gegebene Leben ist, das wir alle, je nach unserer individuellen Begabung, offenbaren müssen, um damit erst unseren geschöpflichen Sinn erfüllen zu können als dieses göttliche Leben offenbarende Geschöpfe. Denn wie kann das Leben, das uns von dem Schöpfer gegeben ist, anders sein als schöpferisch? Wenn unser Leben nicht schöpferisch ist, ist es in sich un-heil, von dem Ursprung, von dem Heiligen abgesondert. Das schöpferische, das erleuchtete, das vom heiligen Geist erfüllte Leben ist erst das uns von Gott gegebene Leben, und um dieses Leben hindurchzulassen, es durch uns in der Welt wirksam werden zu lassen, sind wir alle in die Welt gesandt.

5.

Wir müssen den erleuchteten Menschen schlechthin als den lebendigen Menschen ansehen, als den in seiner Ganzheit hervorgekommenen Menschen. Der Grad seiner Erleuchtung wird bestimmt durch den Grad seiner Lebendigkeit. Im Leben zu sein, ist im Licht zu sein, heißt aus dem Göttlichen in sich zu leben, denn das Göttliche, der Ursprung, Gott, ist Licht. Wir müssen aus allen religiösen Lehren und Vorstellungen erlöst werden, die behaupten, daß der Erleuchtete eine Sonderstellung einnimmt, daß er ein Erwählter ist, nicht mit dem gewöhnlichen Menschen vergleichbar. Die Legenden, die sich um das Leben von Buddha und Jesus gebildet haben, von ihrer übernatürlichen Geburt angefangen bis zu ihrem Tod, in endlosen weiteren Legenden sich fortsetzend, zeugen von der Unfähigkeit des unerleuchteten, des noch unlebendigen Menschen, das Leben dieser Erleuchteten in seinem Geheimnis zu erklären und in seiner höheren Gesetzmäßigkeit zu deuten. Der Durchbruch zu dem schöpferischen Prinzip ihres Lebens, das Hineingehen in die Dimension ihrer geschöpflichen Wahrheit als von dem Schöpfer ausgegangen, teilhaftig durch ihre Schöpfung des ewigen Lebens, war für ihre Umwelt nicht faßbar, und so erkannte diese nicht die Ursache ihrer überge-

8482

ordneten Stellung in einer Menschheit, die noch in der Bewußtlosigkeit gegenüber ihrer Wahrheit lebt. Sie wurden als göttlich im Gegensatz zu menschlich angesehen, und so wuchsen mit den Zeiten immer mehr Legenden, die ihre Göttlichkeit beweisen wollten und ihrem allem Menschlichen übergeordneten Dasein zur Erklärung dienen sollten.

Mit diesen Legenden und mit der Lehre von ihrer Auserwähltheit und Göttlichkeit hat man diese erleuchteten und uns als Beispiel dienenden Menschen aus der Sphäre des Menschlichen herausgehoben und sie damit für unser Leben unwirksam gemacht. Man verbannte sie in den Bereich des Über-menschlichen, in einen Bereich, der uns zutiefst nichts angeht, und hier konnten sie verehrt und angebetet werden als Auserwählte Gottes, ohne daß dadurch die Menschen unter die auf ihre eigene Wahrheit ausrichtende Kraft ihres Lebens kommen, ohne daß sie die Notwendigkeit des eigenen Durchbruchs zu dem göttlichen Geheimnis ihrer Schöpfung erkennen. So wuchsen die Religionen hervor, menschlich begrenzte Deutungen von ihrem Leben, und unter diesen Deutungen ist die Wahrheit ihres Lebens noch verborgen und wartet auf ihre Enthüllung, auf daß sie für uns fruchtbar und erlösend wirksam werden kann.

Der Erleuchtete ist in unserem Sinne nicht religiös als einer anerkannten Religion angehörend, er vertritt keine Lehre, er offenbart nur seine existentielle Wahrheit als von Gott ausgegangen, Träger schöpferischen

Lebens, das in seiner Schöpfung manifestierte Ur-Licht durchlassend. In dem Ausmaß, wie er die Einheit mit seinem Ursprung erreicht und unmittelbar aus dem göttlichen Sein in sich lebt, ist er erleuchtet, und sein Leben wird vollmächtig und mündig. Er wird immer im Gegensatz stehen zu den überlieferten Lehren und Dogmen der herrschenden Religion und wird von ihr als Bedrohung ihrer Macht erkannt. Die Verfolgung der erleuchteten und vom heiligen Geist erfüllten Menschen durch die zur Macht gekommenen religiösen Institutionen ist natürlich. Sie erkennen in den Heiligen das Gericht über ihre Unheiligkeit. Sie schöpfen ihre Macht aus einer willkürlichen Geistigkeit, aus einer zurechtgelegten Lehre, während bei den Erleuchteten eine für sie unzugängliche Dimension hervorbricht und ihre Ohnmacht offenbar werden läßt.

Der Erleuchtete will die Herrschaft Gottes über die Menschen, die Unterordnung des Geschöpfes unter den Schöpfer, das Aufbrechen der Dimension des inneren Lichts, deshalb kann er nicht im Dienst religiöser Institutionen stehen. Er verkündet das Ende der Religionen und den Anfang der wahren Religio. Er stellt keine Gebote und Verordnungen auf und bindet die Menschen nicht an seine Person. Er fordert auf zur Umkehr und zu der Einkehr in die existentielle Wahrheit des Menschen, die da ist das innere Licht, der Schöpfergeist. Dieser Geist soll herrschen und das Geschöpf von Stufe zu Stufe in der Entwicklung leiten, bis zur Einheit mit seiner Kraft und Weisheit. Nur der

Schöpfergeist, der Logos, ist das Licht des Menschen, das ihn zur Sinnerfüllung führt, die darin liegt, daß dieses Licht durch ihn leuchtet und die Finsternis der Gottlosigkeit aufhebt. Es genügt nicht, daß einige Erleuchtete unter uns gelebt haben; weder Buddha noch Jesus können uns befreien von der Notwendigkeit unserer Umkehr zu dem in uns wesenden Licht der Gottheit. Sie haben uns ein Beispiel gegeben, aber wenn wir ihrem Beispiel nicht folgen, bleiben wir unerleuchtet, und dieses heißt, zutiefst unlebendig.

Denn der Erleuchtete ist der wahrhaft Lebendige. Der vom Licht des Schöpfergeistes erfüllte Mensch ist der wahre Mensch, den Gott gewollt hat. Er ist der heile Mensch, der zum Heil seiner Welt wird. Das Schicksal der Welt hängt von der Zunahme der Erleuchteten, der wahrhaft Lebendigen, der heilen Menschen, ab. Was hat es uns genützt, daß wir durch Jahrtausende die großen Erleuchteten anbeten und sie als Erlöser ansehen, wenn wir durch sie nicht zu der Erkenntnis des in unserer Schöpfung wesenden Lichts kommen und diese Kraft nicht anbeten! Weder Buddha noch Jesus wollten in ihrer Person angebetet werden, sondern sie forderten ihre Jünger auf, das in ihnen verborgene wahrhaftige Leben zu suchen und sich dazu zu bekennen. Jesus verbot seinen Jüngern, irgend jemanden Meister zu nennen auf Erden, denn er erkannte nur einen Meister an, Christus, den Schöpfergeist, das innere Licht, und dieser allein sollte in einem jeden Menschen zur Herrschaft kommen, auf daß Gott alles in allem würde und somit die Einheit aller Menschen im Ursprung erlebt werden könnte. Wer zum Ursprung zurückkehrt, kehrt in das Urlicht zurück und erlebt seine Erleuchtung. Er wird im Sinne des Schöpfers lebendig und wächst hinein in die Macht seiner Kindschaft zu Gott, und er erfüllt seinen geschöpflichen Sinn als ein Gottes Kraft und Weisheit offenbarendes Geschöpf. Diesen Sinn haben wir alle zu erfüllen, weshalb die Erleuchtung zum Auftrag unserer Schöpfung gehört, ja, den Sinn dieser Schöpfung erst erfüllt.

6.

Wie ist es möglich, daß Menschen unter uns gelebt haben und weiterhin leben, die zur Offenbarung uns nicht zugänglicher Kräfte werden, die aus einer anderen Dimension als wir leben und von einem schöpferischen Leben erfüllt sind, zu dem wir keinen Zugang haben, und daß wir nicht alles daran setzen, das Geheimnis ihres Seins zu erforschen? Wie ist es möglich, daß ein Buddha, ein Jesus unter uns gelebt haben, die ein vollmächtiges und heiliges Leben offenbarten, das wir nicht kennen, und daß wir sie nicht in den Mittelpunkt unseres Interesses stellen, um zu erforschen, was in ihrem Leben geschehen ist, das sie ermächtigte, Zugang zu bekommen zu uns unbekannten Kräften und Klarheiten! Ihr Leben hört nicht auf, seine Heilkräfte auszusenden, die Zeit kann nicht ihre Wirkung aufheben. Sie bleiben wie Lichter in der Finsternis der Menschheit, und doch werden die Menschen nicht durch sie ausgerichtet auf die hier offenbarte Kraft eines ewigen Lebens, auf daß sie erkennen, daß diese Kraft auch in ihrer eigenen Schöpfung verborgen liegt, wartend auf ihre Erkenntnis und ihre Annahme.

Mit der Anbetung dieser Erleuchteten, mit unserer religiösen Beschäftigung mit ihrem Leben, mit dem Errichten von Tempeln zu ihren Ehren kommen wir nicht dem Geheimnis ihres grundsätzlich anderen Lebens auf die Spur und entdecken nicht durch sie unsere eigene Göttlichkeit. Die erschütternde Unwirksamkeit ihres Lebens für unsere eigene Erlösung aus der Enge eines dem Vergänglichen verhafteten Nicht-Lebens müßte uns erkennen lassen, daß wir sie in ihrer erlösenden Kraft nicht verstanden haben, nicht ihr auf unsere eigene Wahrheit ausrichtendes Leben angenommen haben, um durch sie den Weg der Entbindung der in unserer Schöpfung verborgenen Schöpferkraft zu finden. Wir haben die von ihnen angenommene Kraft des göttlichen Seins nicht verstanden als auch in unserer Schöpfung wesend, sondern sie sind uns durch falsche Interpretationen ihres Lebens in eine uns nicht zugänglichen Dimension göttlichen Lebens entrückt worden. Sie sind durch die religiösen Lehren von dem menschlichen Leben getrennt und hingestellt worden als Auserwählte, als Söhne Gottes. Die Kraft schöpferischen Lebens, die sie offenbarten, ist in ihrer Person fixiert worden, und damit sind sie von uns getrennt worden. Dadurch wurden sie anbetungswürdig, aber für uns keine Beispiele und Wegweiser hinein in unsere eigene Göttlichkeit.

Was uns not tut, ist die Enthüllung jener überpersönlichen Kraft des Schöpfergeistes, die in ihrem Leben zur Wirksamkeit gelangte und sie zu Menschen einer anderen Ordnung und anderer Befugnisse machte. Sie erreichten ihre innere Wahrheit, sie wurden verbunden mit ihrer Seele, sie erlebten die Wiedergeburt, ohne welche niemand wird Gott (als das wirkliche Leben) sehen. Aber was würde es uns nützen, daß sie göttliches Leben offenbarten, wenn wir nicht Zugang haben würden zu diesem Leben? Welche Bedeutung hat das Leben der Erleuchteten, wenn sie Ausnahme-erscheinungen menschlichen Lebens sind, mit uns nicht vergleichbar? Können wir in unserer Wahrheit hervorkommen, ohne daß wir diese Wahrheit in uns selbst entdecken und annehmen? Genügt es uns, daß es einen Buddha, einen Jesus gegeben hat, wenn wir nicht durch ihre Erfahrung der in ihnen verborgenen Gotteskraft auch diese in uns erleben? Sie bleiben für die Menschwerdung des Menschen so lange unwirksam, bis wir durch sie erkennen, daß auch in uns die menschbildende Kraft Gottes liegt, wartend auf unsere Erkenntnis und auf unser Bekenntnis dazu. Was sie erreichten durch ihre Ver-innerlichung, müssen auch wir erreichen. Auch wir müssen den Weg nach innen gehen und erkennen, daß in unserer Schöpfung die Christuskraft und die Buddhakraft verborgen liegen, wartend auf unsere Einheit damit.

Wir dürfen die Schöpferkraft, durch die alles Leben entstanden ist und die alles Leben zur Sinnerfüllung führt, niemals personifizieren, niemals sie an einen Menschen binden und glauben, daß es nur dem von Gott bevorzugten Menschen gelingen kann, in die göttliche Kraft hineinzukommen. „Gott hat kein Ansehen zur Person", Gott wählt nicht aus und verwirft nicht. Er gibt seine Gnade als seine Schöpferkraft allem Leben, und wer in dieser Kraft verbleibt, wird erlöst aus der Begrenzung in einem Pseudo-Leben, wird hineingeboren in die Dimension des ewigen Lebens. Buddha und Jesus müssen erkannt werden als Menschen wie wir, mit dem Unterschied, daß sie ihre Wahrheit erkannten und annahmen und wir noch bewußtlos gegenüber unserer Wahrheit leben.

7.

Die Erleuchtung eines Menschen ergibt sich als eine Begleiterscheinung seiner Verbindung mit dem Ursprung, der das Urlicht ist. Erlangt der Mensch den Durchbruch zu seiner Wahrheit, die Gott ist, so wirkt sich diese Wahrheit in der Gesamtheit seiner Schöpfung aus und erleuchtet jede Zelle seines Körpers. Der Mensch kommt in eine Gotterfülltheit hinein, die ihn leuchten läßt. Der Grad seiner Gotterfülltheit bestimmt die Kraft und Stärke des Lichts, das von ihm ausgeht. Es gibt verschiedene Stufen der Erleuchtung. Sobald der Mensch sich dessen bewußt wird, daß Gottes Kraft in ihm west und er sich dieser Kraft hingibt, beginnt bereits die Verwandlung seines Körpers. Denn der Körper ist der Resonanzboden für unsere Bewußtseinsinhalte und spiegelt sie getreu wider, weshalb unser Körper, wenn er vom Gottesbewußtsein erfüllt wird, in eine höhere Schwingung hineinkommt, so daß wir von einem Erleuchteten sprechen, von einem Heiligen. Die Glorie der Heiligkeit ist eine Tatsache, denn vom Kopf — als Zentrum des Bewußtseins — gehen die stärksten Emanationen aus, die bei den Erleuchteten zu einem Erleben von einer Lichtglorie führen. Auch die Geschichte von der Verklärung Jesu ist ein Beweis für seine Gotterfülltheit, die sich noch steigerte im Umgang mit den beiden erleuchteten Propheten, so daß die Lichtausstrahlung so überwältigend wurde, daß die Jünger zu Boden fielen, geblendet von dem Glanz der Heiligkeit.

Es ist uns im Täglichen durchaus geläufig, daß ein Mensch eine helle wie eine finstere Ausstrahlung haben kann, je nachdem, was er in seinem Bewußtsein bewegt. Dieses beruht auf demselben Prinzip der Teilnahme des ganzen Körpers an seinen Bewußtseinsinhalten. Wir formen unser Gesicht durch das, was wir denken, fühlen und wollen, weshalb die Gesichter so verschiedene Ausdrücke aufweisen. Wie sollte es dann nicht zu einer Umwandlung des äußeren Körpers kommen, wenn der Mensch sich dem Göttlichen zuwendet und der Schöpfergeist in seinem Bewußtsein Einlaß bekommt! Wir erkennen, daß eine tiefgreifende Verwandlung auf allen Ebenen des Menschen geschieht, wenn er erweckt wird zu seiner Wahrheit und anfängt, auf diese Wahrheit gesammelt zu leben. Allmählich bekommt der Mensch ein neues Gesicht, einen neuen Blick, neue Bewegungen; dieses im Verhältnis zu der Intensität seiner Verinnerlichung. Es ist unmöglich, daß diese Verwandlung eintritt, ohne daß das Bewußtsein gotterfüllt wird. So können wir an dieser Verwandlung und ihrem Fortschreiten die wachsende Erleuchtung beobachten. Wo keine Verwandlung eintritt, ist der Mensch nicht in die Verbindung mit seinem Inbild hineingekommen; die Erleuchtung bleibt aus.

Dieses erleben wir bei vielen Menschen, die behaupten, daß sie Meditation üben und auf die Innenwelt ausgerichtet leben. Es geht kein Licht von ihnen aus, keine Vergeistigung ihres Körpers, keine Ausstrahlung ihrer Seele. Sie bleiben unverändert unerleuchtet, weil sie eben nicht angeschlossen sind an die spirituelle Wirklichkeit in sich. Keine verwandelnden und erneuernden Kräfte gehen von ihnen aus, keine verdichtete Substanz von Seelenkräften ist spürbar. Sie erreichen in ihrer Meditation nicht das Zentrum ihrer Seele, und sie erleben nicht die in ihr Bewußtsein einströmenden Lichtkräfte des Urlichts. Dieses ist meistens unsere Erfahrung mit denen, die keine Tiefen in sich erreichen, sondern weiterhin auf der Oberfläche ihrer Vergänglichkeit bleiben. Sie vermögen nicht, die dunkle, schwere Wolke ihrer willkürlichen Geistigkeit aufzulösen, sie werden ständig den Kräften dieser Geistigkeit ausgesetzt, und sie dringen nicht durch zu der Zentralsonne der göttlichen Kraft in ihrer Schöpfung. Es kommt bei allem guten Willen nicht zur Erleuchtung und Vergeistigung.

Auch sind die Menschen, die anfangen zu meditieren, nicht genügend aufgeklärt über das, was hier eigentlich gemeint ist. Sie wissen nicht, daß es durch die Sammlung auf die verborgene Seinskraft zu einem gänzlich veränderten Bewußtsein kommen muß, soll die ersehnte Erleuchtung eintreten. Die Meditation ist ein Mittel, eine Hilfe auf dem Weg zur Verinnerlichung, zum Erleben der im Innern wesenden spirituellen Wirklichkeit. Der Mensch muß meditieren, damit er zum Glauben erwacht, daß da in ihm eine Kraft verborgen liegt, die für die Erfüllung seines geschöpflichen Sinns entscheidend ist. Beginnt er zu meditieren ohne diesen Glauben, so wird er bald aufhören, da er keinen Erfolg hat. Ich bete Gott an, weil ich an Gott glaube und Ihn als mein Leben erkenne, weil ich in der Einheit mit meinem Ursprung den Sinn meines Lebens sehe. Je inniger und beständiger meine Hinwendung zu meinem Schöpfer wird, um so näher komme ich den Bereichen in mir, wo Gott am Werke ist, um eines Tages die Wiedergeburt zu erleben, die endgültige Wiedervereinigung.

Warum erleben so wenige Menschen, die meditieren, diese Wiedergeburt, die eigentlich die Krönung ihrer Hinwendung zu ihrer Gotteswirklichkeit sein müßte? Warum hören so viele Menschen wieder mit der Meditation auf, unter dem Hinweis, daß sie dabei nichts erleben und keinen Sinn darin sehen? Weil sie nicht eingeführt werden in die Zusammenhänge menschlichen Lebens, erkennen sie nicht, daß der Mensch die Verbindung mit der in seiner Schöpfung wesenden Seinskraft lebendig halten muß, auf daß diese sich über sein Bewußtsein auswirken kann. Die Erziehung des Menschen zielt auf seinen willkürlichen Geist und seine Entwicklung, aber sie versäumt die viel wichtigere Einbeziehung seiner spirituellen Wirklichkeit. So wird der Mensch in sich gespalten, von der menschbildenden Kraft des Schöpfergeistes gesondert, und er kommt dadurch in die Nöte und Verirrungen des verlorenen Sohnes hinein.

Diese Situation einer geschöpflichen Verkehrtheit muß der Mensch bewußt erkennen, auf daß er die Notwendigkeit der Meditation oder der Verinnerlichung begreift und sich auf den Weg macht, das wahre Selbst zu erobern; denn ohne die Einheit mit seiner Wahrheit, die Gottes Kraft in ihm ist, bleibt der Mensch unter dem Verhängnis eines sinnlosen Nicht-Lebens. Niemand wird aus einer solchen Erkenntnis heraus verzichten wollen auf den Weg zurück zur Einheit mit der in ihm wesenden menschbildenden Kraft Gottes, niemand wird sich selbst in seiner Wahrheit aufgeben wollen, wenn er einmal erkannt hat, daß er dieser Wahrheit fern lebt, aber daß er einen Weg finden kann zur Einheit damit. Die Erleuchtung des Menschen ist eine Möglichkeit, denn das Licht des Schöpfergeistes ist seine existentielle Wahrheit, aber den Weg dahin muß er selbst gehen; niemand kann ihm diesen Weg abnehmen. Die Erlösung aus der Enge eines dem Willkürlichen verhafteten Daseins, die Auflösung des ständig der Erleuchtung im Wege stehenden Egobewußtseins muß durch Meditation und Sammlung auf das wahre Selbst geübt werden, bis dieses wahre Selbst in das Bewußtsein hereinbricht und uns mit seinem Licht erleuchtet und mit seiner uns bis dahin unbekannten Kraft verwandelt und erneuert. „Siehe, ich mache alles neu“, ist das Bekenntnis dieser Kraft Gottes in uns.

8.

Die Erleuchtung eines Menschen hängt ab von seiner Erkenntnis der in ihm wirkenden Kraft des Schöpfergeistes und von seinem Bekenntnis dazu. Je erleuchteter ein Mensch ist, um so bewußter lebt er auf diesen Geist ausgerichtet. Dieser Geist ist das Leben in uns, weshalb ein Erleuchteter im eigentlichen Sinne lebendig ist, mit Leben erfüllt. Es ist dieses Leben aus dem Urquell allen Lebens, aus dem Schöpfergeist, das aus ihm leuchtet. Sobald diese Verbindung mit dem Schöpfergeist durch die Verlagerung in eine willkürliche Geistigkeit verlorengeht und der Mensch ohne Bewußtsein für seine Gegenwart in sich lebt, verschwindet seine Ausstrahlung durch ihn. Der Mensch leuchtet nicht von innen her, er vermittelt nicht das Licht seiner spirituellen Wirklichkeit, das das Licht von dem Urlicht der Gottheit ist.

Da wir aber selten Erleuchtete unter uns erleben und wir sie außerdem als Ausnahmeerscheinungen betrachten, als besonders Begnadete und Auserwählte, nehmen wir es als natürlich und gegeben hin, daß die Menschen keine von innen strahlenden Gesichter haben. Sie sind Unerleuchtete, von ihrem der Erscheinungswelt und dem Ego verhafteten Leben erfüllt. Ihr Bewußtsein ist mit ihren Nöten und Sorgen, ihrem willkürlichen Geist durchdrungen, und so bewirken sie auch uns damit. Da sie kein Gottesbewußtsein haben, können sie nicht leuchten. Da sie nicht wachgeworden sind für ihre geschöpfliche Situation, die sie abhängig macht von dem Wirken des Schöpfergeistes, um zu leben, haben sie keine Verbindung mit diesem Geist aufgenommen, beten ihn nicht in ihr Bewußtsein herein und können folglich ihren Körper nicht unter die Lichtkräfte dieses Geistes stellen.

Solange das Kind, ohne Erziehung und Beeinflussung durch die Umwelt, noch geborgen in den Seinskräften ruht, hat es dieses Leuchten, strahlt es uns von innen her an. Die kleinen Kinder wirken unter den Erwachsenen als Erleuchtete, denn durch ihren ganzen Körper wirkt das innere Leben ohne Blockierung durch ihren willkürlichen Geist. Sobald der Verstand dazwischenkommt und das Ego sich ausbreitet, verfinstert sich das ganze Kind. Die unsichtbare Verbindung mit dem Schöpfergeist ist gestört, der Mensch fällt dem Los der Selbstentfremdung anheim. Damit beginnt auch die Anfälligkeit für die Krankheiten, denn die eigentliche Lebenswirklichkeit ist zu Gunsten eines willkürlichen Pseudo-Lebens verdrängt, die Harmonie zwischen innen und außen, zwischen Schöpfer und Geschöpf ist unterbunden. Diese Entwicklung nimmt weiterhin durch Schule und Studium ihren verhängnisvollen Lauf, und der Mensch entfernt sich immer mehr von seinem Ursprung, der der Schöpfergeist ist, und da dieser Geist das Urlicht der Gottheit ist, wird der

Mensch finster, das Leuchten des wirklichen Lebens ist dahin, denn er lebt dieses Leben nicht aus.

Hier stehen wir vor der tiefen Ursache der in unserer Welt herrschenden Gott-losigkeit, denn diese ist nichts anderes als die Lebenslosigkeit der Menschen, ihre Bewußtlosigkeit für das in ihrer Schöpfung manifestierte göttliche Licht. Der Mensch kommt unter die in der Menschheit herrschende geschöpfliche Verkehrtheit und bleibt den Mächten einer willkürlichen Geistigkeit verhaftet. Wir werden alle zum Opfer dieser Geistigkeit und verlieren unsere unmittelbare Beziehung zu dem Licht unserer Seele. Wenn wir uns auch innerlich auflehnen und durch schwere und rätselhafte Störungen in der Kindheit gehen, bevor wir uns anpassen und uns von der Umwelt ausrichten lassen auf das in der Welt herrschende Pseudo-Leben, so entgeht doch kein Kind dieser Vergewaltigung seiner Seele zu Gunsten der in der Menschheit herrschenden Seelenlosigkeit. Wir werden – wie alle Welt um uns – aus dem Paradies als aus dem wirklichen Leben verdrängt und haben alle schweren Folgen dieser inneren Spaltung zu tragen in Not, Entartung, Krankheit, Freudelosigkeit, Beziehungslosigkeit, Sinnlosigkeit und Tod.

Dieses uns aufgezwungene und zur Gewohnheit gewordene Pseudo-Leben aus unserer Vergänglichkeit kennt keine Erleuchtung und wird nicht zur Erleuchtung unserer Umwelt. Wir können den Erwachsenen in seiner Wirkung auf uns nur mit einem kleinen Kind vergleichen, und wir wissen, daß wir etwas Kostbares durch die Erziehung eingebüßt haben: das Ruhen im Sein, die unmittelbare Verbindung mit der Kraft unserer spirituellen Wirklichkeit. Wir verlieren das Leuchten, die Lebensausstrahlung, die Harmonie zwischen Seele und Körper, zwischen dem Schöpfergeist und unserem Geist. Damit verlieren wir unsere Unschuld und werden uns selbst und der Welt das uns anvertraute göttliche Sein schuldig, das sich als uns manifestiert hat. Daraus entstehen Angst (als das Gefühl einer uns ungemäßen Enge), Unruhe, Unzufriedenheit, das dunkle Empfinden, daß uns etwas Wesentliches zum Leben fehlt. Wir gehen auf die lebens-lange Suche nach dem Glück, nach dem Frieden, nach der Freude, die wir in uns verschüttet haben durch die Sonderung von unserer Seele, die allein uns Glück und Frieden geben kann. Wir sind heimatlos geworden, wir sind Vertriebene, die nach einer Behausung suchen, die sie nirgends finden können außer in sich selbst. Hier liegt unsere Heimat, hierhin müssen wir zurückkehren, müssen die Einswerdung mit unserem Ursprung finden, hineingebettet werden in die Kraft, aus der wir entstanden sind, um aus ihrer Gegenwart in uns zu leben, um zur Offenbarung ihrer Lichtpotenzen zu werden, Erleuchtete, die zum Licht der Welt werden.

Die Notwendigkeit des Zurückfindens zu dieser Kraft des Schöpfers in unserer Schöpfung ist für einen jeden Menschen gegeben, soll er die Menschwerdung im Sinne Gottes erleben. Wir müssen aus dem Exil zurückfinden zu unserer Heimat. Dieses gilt nicht nur für einige Menschen, die wir als Gott-sucher bezeichnen, sondern es gilt für die ganze Menschheit, soll diese Welt in das Heil hineinkommen. Es hat uns nicht viel genützt, daß wir unter uns ein paar gottverbundene Menschen erleben, die das Licht einer anderen Dimension durch sich haben aufleuchten lassen, sondern es geht um die Menschheitserleuchtung, um das Wiederkommen Christi, um die Ent-deckung des in unserer Schöpfung verdeckten Lebens aus dem Schöpfergeist. Was nützt es den Millionen Unerleuchteten, um das Licht ihrer Gotteskindschaft Betrogenen, daß einige Menschen die Gnade der Erleuchtung erlebten! Niemand kann für uns den Weg der Wiedervereinigung mit unserer Seele gehen, niemand kann uns zur Erlösung der in uns gebundenen Seinskraft werden. „Ein jeder sei vollkommen in sich!" „Sage dem ganzen Volke Israel: Ihr sollt heilig sein, denn ich, Euer Gott, bin heilig!"

Es geht um die Wiederkunft Christi in einem jeden von uns, es geht um die Enthüllung unserer Wahrheit als Schöpfergeist in dieser Manifestation. Aus dem Geist des Schöpfers entstanden, müssen wir in der Einheit mit diesem Geist leben, oder unsere Schöpfung ist unterbrochen. Wir verfallen dem Verderben, der Sinn-losigkeit und der Gott-losigkeit, und damit kommen wir unter die Mächte der Finsternis. Was nützt uns Christus in Jesus, wenn wir ihn nicht in uns finden! Wenn das Licht des Schöpfergeistes nicht in uns verborgen liegt, können wir nicht zur Erleuchtung unserer Welt werden.

Die wahre Religio ist die Rückverbindung unseres Lebens mit dem Ursprung, ist das Bekenntnis zu dem inneren Licht, ist die Annahme unserer Wahrheit als Schöpfergeist in Offenbarung. So rufen wir nicht nach einem Erleuchteten, sondern wir verlangen die Menschheitserleuchtung, die Ent-deckung von Christus in uns.

9.

Die Erleuchtung eines Menschen ist die natürliche Folge seiner Hinwendung zu dem inneren Licht. Wir wären alle erleuchtet, wenn wir von Kindheit an unter Erleuchteten gelebt hätten und von ihnen ausgerichtet worden wären auf das in uns wesende Licht unserer Seele. Denn wir sind alle aus dem Licht der Gottheit geschaffen, wir sind alle Träger dieses Lichtes, aber es wird durch eine noch unerleuchtete, um dieses Licht in uns nicht wissende Menschheit verdrängt. Wir entfalten aus unserem willkürlichen Geist ein Pseudo-Leben, das ohne Ausstrahlung des Urlichts nicht zur Erleuchtung unserer Welt wird. Sobald aber ein Mensch zu dem inneren Licht erwacht und es in seinem Bewußtsein Einlaß findet, beginnt bereits seine Erleuchtung. Er wird verwandelt bis in das Körperliche hinein, denn auch der Körper ist in allen seinen Zellen Träger des Lichtes des Schöpfergeistes und fängt an zu leuchten, wenn dieses Licht sein Bewußtsein erfüllt.

Dieses Wissen um die Verwandlung des Menschen durch das Aufwachen zu dem in ihm wesenden Licht und die Annahme dieses Lichtes läßt Paulus bekennen: „Wie wir getragen haben das Bild des irdischen Menschen, so werden wir auch tragen das Bild des himm-

9469

lischen Menschen." Der im Irdischen, in seiner Vergänglichkeit, verharrende Mensch, der seine Schöpfung in den Dienst seines Ego stellt, ist ein unerleuchteter, ein dem göttlichen Urlicht fern lebender Mensch. Er kann seine geschöpfliche Aufgabe nicht erfüllen als ein dieses Licht offenbarendes Geschöpf. Er ist in der Finsternis der Gottlosigkeit und vermehrt diese Finsternis in seiner Welt. Aus seinem Wirken geht diese Welt hervor, in der wir alle Nöte und Verderbnisse unserer Bewußtlosigkeit für das innere Licht erleiden müssen. Der irdische Mensch, der in seiner willkürlichen Geistigkeit eingekerkerte, in der Enge seines Ego verbleibende, beherrscht diese unsere Welt und verursacht mit Notwendigkeit das Unheil, weil er von dem Heiligen in sich gesondert ist. „Diese Welt vergeht", sie steht in einem ständigen Vergehen. Nichts hat Bestand, nichts hat Gültigkeit, alles fließt, alles ist vergänglich, diese Welt entspricht nicht jener Welt des von Gott geschaffenen Menschen, sie ist ihm nicht gemäß, deshalb steht sie in einem ständigen Vergehen.

Dieser irdische Mensch sind wir alle, bis auf den Tag unseres Erwachens zu dem inneren Licht, bis auf den Tag der Erkenntnis unserer Wahrheit als von Gott geschaffen, Träger seines Lebens, bestimmt zur Erleuchtung unserer Welt. Mit diesem Erwachen beginnt die große Verwandlung unseres Lebens, das Hineingehen in das Reich Gottes, das Bewirkt-werden von dem Urlicht der Gottheit, bis wir wiedergeboren werden, hineingeboren in unsere Wahrheit, die dieses Licht Gottes ist, identisch mit dem Schöpfergeist, aus dem alles gemacht ist, was gemacht ist. Der Mensch vom Himmel, der über allen und allem ist, kommt hier hervor, und mit ihm wird die Verwirklichung des Reiches Gottes in dieser Welt möglich. Die Offenbarung dieses Menschen wird geschehen, und er wird diese Welt aus aller Finsternis des irdischen Menschen erlösen. Er hat immer wieder aufgeleuchtet in den auf das Göttliche in sich ausgerichteten Menschen, aber es genügt nicht, wenn nur einige Menschen erleuchtet werden, soll unsere Welt verwandelt werden und in das Heil hineinkommen. Es muß zu einer Menschheitserleuchtung kommen, zu einer endgültigen Ent-deckung des im Menschen wesenden Urlichts.

Wenn auch in Jesus von Nazareth der himmlische Mensch aufleuchtete, der Mensch in Christus, der von sich bekennen konnte: „Ich bin das Licht der Welt. Ich und der Vater (das Urlicht) sind eins", so ist doch damit nicht die Erleuchtung der Menschheit geschehen, und der himmlische als der vom Licht Gottes erfüllte Mensch ist nicht wieder hervorgekommen, um diese Welt in ein Reich Gottes zu verwandeln. Obwohl Mystiker und Erleuchtete erschienen sind, die von dem inneren Licht Zeugnis abgelegt haben, so ist die Menschheit noch nicht auf dieses Licht ausgerichtet worden, sondern sie bleibt geknechtet unter den Mächten der Finsternis, sie wird betrogen um die Erkenntnis der frohen Botschaft von dem in uns allen wesenden inneren Licht, „das alle Menschen erleuchtet, die in diese Welt kommen."

Es muß zu einer Entdeckung dieses in uns allen wesenden Lichts kommen, abseits von allen religiösen Lehren davon. Der Mensch muß es nicht als eine besondere Gnade ansehen, wenn ein Mensch erleuchtet wird, sondern er muß sich dessen bewußt werden, daß Leben identisch ist mit Licht und daß wir alle Träger dieses Lichtes sind, wenn wir wirklich leben, wenn wir angeschlossen sind an den Ursprung, wenn wir im Bewußtsein des in uns wesenden Schöpfergeistes leben. Das Leben selbst, das im Menschen am Werke ist, ist Licht, aber dieses Leben wird nicht als Licht offenbar, weil der Mensch es in den Dienst seiner Willkür stellt. Der Mensch läßt das in ihm wesende Leben aus Gott nicht durch sich wirken, sondern er benutzt dieses Leben, um damit nach Gutdünken umzugehen. So entsteht die Verdunkelung des inneren Lichtes durch die Bewußtlosigkeit des Menschen gegenüber seiner ständigen Gegenwart. Der Mensch lebt nicht ausgerichtet auf den Schöpfergeist, der ihn erleuchten würde, sondern er lebt ausgerichtet auf sein Ego, erfüllt von den Wünschen und Begierden seiner Vergänglichkeit.

Da diese Verhaftung an den willkürlichen Geist und die Ausrichtung auf eine rein intellektuelle Entwicklung von Kindheit an dem Menschen durch die Erziehung aufgezwungen wird, so kann es nicht ausbleiben, daß der irdische Mensch in uns allen dominiert und dieser Welt den Stempel der Unheilheit und der

Vergänglichkeit aufdrückt. Wir kennen gar nicht den Weg zu der Verbindung mit dem himmlischen Menschen, der in uns verborgen liegt, sondern wir halten die Möglichkeit der Offenbarung dieses Menschen auf dieser Erde für ausgeschlossen. Der himmlische Mensch wird im Himmel, also im Jenseits hervorkommen, aber doch nicht hier!! Aber der Himmel ist kein Ort, sondern ein Zustand, wo Gott zur Herrschaft in seiner Schöpfung kommt, deshalb sind wir, wenn wir uns auch noch nicht dessen bewußt sind, immer innerhalb des Himmels, denn Gott ist alles in allem. Aber da wir im Zustand der Bewußtlosigkeit gegenüber der Gegenwart des Schöpfergeistes in unserer Schöpfung leben, so sehen wir uns selbst als außerhalb des Himmels lebend und verlegen den Himmel in einen Zustand nach dem Tode. Hier leben wir irdisch, vergänglich, dem Verderben und dem Irren ausgeliefert, aber dort werden wir in das himmlische Leben hineinkommen!! Diese Auffassung der Trennung von Himmel und Erde, von Gott und Mensch, von Licht und Finsternis muß überwunden werden durch die Ent-deckung, daß Gott alles in allem ist und daß das, was von Gott geschaffen ist, hier und jetzt im Licht ist. Durch die Bewußtwerdung des in uns wirkenden Lebens aus dem Urlicht werden wir zur Erleuchtung kommen und damit den Weg zur Einheit mit unserem Ursprung finden. Das ist die Wiedergeburt, das Hineingehen hier und jetzt in das Licht der Gottheit.

10.

Ein Erleuchteter erleuchtet seine Umwelt. Ein auf die unsichtbare Kraft der Gottheit ausgerichteter Mensch kann diese Kraft im Sichtbaren manifestieren. Daraus folgt, daß die Menschheit diese erleuchteten und gottverbundenen Menschen nicht entbehren kann, soll es zu einer Menschwerdung im Sinne des Schöpfers kommen. Wer nicht unter die Bewirkung eines Erleuchteten kommt, kann nicht erweckt werden zu seinem eigenen Licht. Wer die verwandelnde Kraft eines gottverbundenen Menschen nicht erlebt, bleibt unwissend um diese Kraft. Wenn auch die Schöpfung um uns in dieser Kraft ruht und sie in allen Dingen zur Offenbarung kommt, so ist doch der Mensch für den Menschen maßgebend, und nur er vermag in dem Zustand seiner Heilheit den von Gott gewollten Menschen zu offenbaren, und er hat die Gnade der Ausrichtung auf das in uns wesende göttliche Sein.

Darin liegt die ungeheure Bedeutung des Heiligen, daß er allein seine Umwelt zum Heil führen kann. Die Un-heiligen, die mit dem Heiligen nicht verbundenen Menschen, vermögen mit all ihrem Wissen und ihrer Aktivität nicht zum Heil ihrer Mitmenschen beizutragen. Sie bleiben ohne Bedeutung für die Menschwerdung, denn sie stehen nicht in ihrer Menschwerdung.

9548

Sie leben nicht ausgerichtet auf die in ihrer Schöpfung verborgene Kraft des Schöpfers, die allein die Menschwerdung bewirken kann. Die Welt, die von diesen in ihrer Schöpfung unheilen Menschen entsteht, steht im Vergehen; sie ist ungerecht, un-menschlich, un-göttlich. Alles Gigantische, das hier geschaffen wird, ist ohne heilende Wirkung. Im Gegenteil, es bewirkt eine Zunahme des Unheiligen und fixiert die Menschheit in dem Zustand des verlorenen Sohnes. Nichts, was hier mit dem Aufgebot einer willkürlichen Geistigkeit geschaffen wird, hat Bestand.

„Diese Welt vergeht", ist die gültige Aussage des auf das Heilige in sich ausgerichteten Menschen. Da er um die Notwendigkeit der Gottverbundenheit des Menschen weiß, soll die Menschwerdung geschehen und das Reich Gottes in dieser Welt errichtet werden, erkennt er das zutiefst ungültige Wirken des von dem Göttlichen gesonderten Menschen. Alles, was dieser Mensch von sich aus tut, steht im Tode als im Nicht-Leben und vergeht ständig. Kulturen und Zivilisationen entstehen und vergehen wieder, ohne daß der Mensch aufwacht zu der Erkenntnis der Fehlhaltung gegenüber dem Schöpfer und ohne daß er die Umkehr zu seiner Kraft in sich vollzieht. Er setzt stumpf den Weg seiner Willkür fort, obwohl er durch die Not und das Unheil, das er bewirkt, erkennen müßte, daß er außerhalb seiner Wahrheit lebt und deshalb außerhalb der Möglichkeit des Heils.

In diesem Zustand einer verhängnisvollen geschöpflichen Verkehrtheit lebt die ganze Menschheit mit den wenigen Ausnahmen der Erleuchteten, der auf das Heilige in sich gerichteten Menschen. In ihnen geschieht die große Verwandlung, sie sind innerhalb des Vorhangs, der uns noch trennt von dem uns von Gott gegebenen vollmächtigen Leben. Durch ihre Heiligkeit geschieht das Heilige, wird die Kraft göttlichen Seins entbunden und kann in der Welt wirksam werden. Was sonst mit keinen Mitteln unseres Geistes geschehen kann, nämlich die Offenbarung des vor Gott gerechten Lebens, geschieht hier ohne jede Anstrengung durch die liebende Hinwendung zu der Kraft Gottes im Menschen. Die gültige Aussage des Heiligen ist: „Ich kann von mir selbst nichts tun. Der Vater in mir tut die Werke, spricht die Worte." Darin liegt das Geheimnis des Heiligen, daß er sich dem Wirken des Heiligen hingegeben hat, daß er in dem Wort Gottes, das er ist in Offenbarung, verbleibt und daß er es durch sich wirken läßt.

So ruft der Heilige in allen Zeiten auf zur Umkehr zu dem in uns wesenden Heiligen. „Ein jeder sei vollkommen in sich", ein jeder sei sich seiner geschöpflichen Situation bewußt und wende sich dem Schöpfer zu, auf daß Er sein mit ihm begonnenes Werk tun kann. Als Geschöpf ist der Mensch wie alles Geschöpfliche abhängig von dem Wirken der Kraft des Schöpfers, aus der er entstanden ist. In dieser Kraft lebend, entfaltet der Mensch die Macht seiner Kindschaft zu Gott. Nichts ist deshalb von größerer Wichtigkeit als das Aufwachen zu dieser Kraft und die Hinwendung zu ihr. Durch die Einheit mit dieser Kraft entsteht der Heilige, und deshalb ist er für die Ausrichtung der Menschheit auf ihre Wahrheit, die Gott ist, von größter Bedeutung. Es gibt keinen anderen Weg, der zum Heil der Welt führt, als den Weg des Heiligen. Nehmen die Heiligen ab, so nimmt das Heil in der Menschheit ab, nehmen sie zu, so nimmt das Heil zu. Darin liegt die übergeordnete Bedeutung des Heiligen, daß er allein das Heil bewirken kann.

Die Empfänglichkeit für die Wirkenskraft, die von dem Heiligen ausgeht, ist bei den Menschen noch kaum entwickelt. Sie leben beruhigt in dem Zustand ihres Teil-Lebens und halten die Nöte und Verhängnisse, die daraus entstehen, für das dem Menschen gegebene Los und sehen in den Heiligen Ausnahmeerscheinungen menschlichen Lebens, etwas, was sie nichts angeht. Diese Menschen werden als Utopisten und Weltfremde angesehen, als Menschen einer anderen Art, und dadurch können die Heiligen die Menschen nicht ausrichten auf das in den Menschen selbst verborgene Heilige. Das was im Leben der Heiligen geschieht an Verwandlung und Neuschöpfung, wird nicht in seiner Bedeutung für die Verwandlung aller Menschen erkannt.

So ist der Mensch trotz aller Offenbarungen heiliger Menschen noch immer verhaftet dem Zustand seiner Unheiligkeit, und er geht den Weg des Verderbens und der Selbstentfremdung, bis er in die äußerste Verzweiflung hineingerät und ihm keine Mittel seiner willkürlichen Geistigkeit mehr zur Verfügung stehen. Dann wird er empfänglich werden für die Botschaft der Heiligen von dem in dem Menschen wesenden Heil, und er wird die Umkehr dazu vollziehen. Der Mensch trägt in sich alle Möglichkeiten zur Menschwerdung, er ist als Geschöpf Gottes fähig zur Gottesoffenbarung und zur Heiligkeit, aber dieses setzt voraus, daß er seine geschöpfliche Situation erkennt und sich dem Schöpfer in ehrfürchtiger Liebe zuwendet und sich von seiner Kraft bewirken läßt. Damit ist er aus seiner Vergänglichkeit und seiner Willkür erlöst und beginnt, aus seiner Macht als Kind Gottes zu schöpfen, und in ihm wird das Heilige zur Offenbarung kommen, das zum Heil der Welt wird.

11.

Nur der Mensch, der zu seiner Wahrheit erwacht ist und erkennt, daß er Schöpfergeist in Offenbarung als Mensch ist und sich mit diesem Geist verbindet, wird Mensch im Sinne des Schöpfers, Ihm zur Offenbarung. Von seinem Leben geht das Licht des ewigen Lebens aus, er ist erleuchtet, er ist gotterfüllt. In ihm erkennen wir den vor Gott richtiggestellten Menschen, und damit wird er uns zum Gericht als zur Ausrichtung auf unsere eigene Wahrheit, wenn wir ihn annehmen und durch ihn den Weg zur Verbindung mit unserer Gotteswirklichkeit finden. Der Erleuchtete als der gotterfüllte Mensch offenbart uns, wer wir eigentlich sind, Kinder Gottes, teilhaftig durch unsere Schöpfung des ewigen Lebens; deshalb steht er in der Rangordnung an erster Stelle und vermag uns zum Bewußtsein dessen zu führen, wer wir eigentlich sind und welche Aufgabe wir in dieser Welt zu erfüllen haben als „die Erstgeborenen unter allen Kreaturen, als die Ebenbilder des unsichtbaren Gottes."

Wenn auch diese Erleuchteten immer wieder unter uns gelebt haben, so erkennen wir nicht ihre übergeordnete Bedeutung, und die Menschheit findet durch sie nicht den Weg der Erleuchtung. Sie werden hingestellt als besonders von Gott erwählte und begnadete

Menschen, und damit verlieren sie die alle Menschen auf ihre eigene Wahrheit ausrichtende Kraft. Sie werden nicht als für uns beispielhaft erkannt, nicht als Menschen, die uns den Weg zum inneren Licht führen und uns dadurch erlösen aus der Verhaftung an ein Teil-Leben aus dem Vergänglichen. Die Erleuchteten und Mystiker sind noch nicht ent-deckt als die normalen Menschen, die der Norm menschlichen Lebens gemäß leben, die vor dem Schöpfer richtiggestellt sind und aus ihrer Wahrheit als Kinder Gottes schöpfen. Man sieht in ihnen sonderbare Ausnahmeerscheinungen menschlichen Lebens, Weltfremde, nach innen Gerichtete, ohne zu erkennen, daß sie die rechte Haltung des Geschöpfes Mensch zu dem Schöpfer einnehmen und nach dem Willen Gottes leben. Von ihnen gehen die Kräfte des wirklichen Lebens aus, und ihnen haben wir es zu verdanken, daß die Menschheit nicht in die äußerste Gottlosigkeit und Unmenschlichkeit gesunken ist. Je mehr ein Mensch auf dem Wege der Gotteinigkeit fortschreitet, um so mehr Heilkräfte gehen von ihm aus, und seine heilende Wirkung kann durch die Zeit nicht aufgehoben werden. Er bleibt über alle Zeiten hinweg das Licht der Welt in dem Ausmaß, wie er mit dem inneren Licht verbunden lebt.

Die Heilkräfte, die von dem Leben Buddhas oder dem des Jesus von Nazareth ausgehen, können nicht ermessen werden, aber wo wären wir als Menschheit, wenn die durch sie entbundenen Lichtkräfte eines heiligen Lebens nicht unter uns gewirkt hätten und nicht weiterwirken würden? Die vielen Gott liebenden und dem inneren Licht zugewandt lebenden Menschen in allen Zeiten und Völkern haben mehr zum Heil dieser Welt beigetragen als alle Tätigkeit der Religionen mit ihren Dogmen und Lehren von einem Gott in fernen Himmeln. Nur der Mensch, der zur Offenbarung des im Menschen wesenden Göttlichen wird, trägt bei zur Entbindung dieses Göttlichen in seinen Mitmenschen und er erfüllt so seinen geschöpflichen Sinn. Niemand hat für uns eine größere Bedeutung als derjenige, der uns aus der Verhaftung in einem Teil-Leben im Vergänglichen erlöst und uns ausrichtet auf das in uns wesende Unvergängliche, auf unsere spirituelle Wirklichkeit, und uns zum Bewußtsein unserer Wahrheit erweckt. Und dieses vermag nur der zu dieser Wahrheit Erwachte, der zum inneren Licht vorgestoßene Mensch, der Erleuchtete. Seine erlösende Kraft bleibt über alle Zeiten hinaus wirksam für diejenigen, die sich ihm zuwenden und sich von ihm bewirken lassen.

Wir müssen erkennen, daß die Erleuchtung eines Menschen dann beginnt, wenn der Mensch seine Wahrheit erkennt als die Kraft des Schöpfers in Offenbarung und sich dieser Kraft zuwendet, sie in sein Bewußtsein hereinnimmt und damit spirituell lebendig wird.

Es ist natürlich für den Menschen, erleuchtet zu sein, erfüllt von seiner Wahrheit als Kind göttlichen Seins. Es beweist die Unlebendigkeit eines Menschen, seine Bewußtlosigkeit gegenüber seiner Wahrheit, wenn er nicht erleuchtet ist. Ist der Zustand des Unerleuchtetseins nicht unnatürlich? Hat hier nicht ein Person- und Vergänglichkeitsbewußtsein von uns Besitz ergriffen, das uns zur Finsternis verurteilt? Ist nicht die Verbindung mit dem Urlicht, mit Gott, unterbrochen, wenn wir nicht von diesem Licht leuchten? Obwohl das Licht des Schöpfers als sein Schöpfergeist in uns am Werke ist und uns am Leben erhält, so lassen wir diesen Geist nicht in unser Bewußtsein herein, wir leben nicht im Glauben und in der An-betung seiner Gegenwart und verhindern dadurch selbst unsere Erleuchtung. Das Licht ist in uns, aber wir sind nicht in diesem Licht, wir verbleiben in der Finsternis eines Vergänglichkeitsbewußtseins und identifizieren uns mit unserem Geist anstatt mit dem Schöpfergeist.

Erwacht der Mensch zu seiner Wahrheit, wird er sich des Schöpfergeistes bewußt, der in ihm Leben bewirkt, und sammelt er sich in Liebe und im Glauben auf diesen Geist, so wird sein Bewußtsein gotterfüllt, und damit erlangt der Mensch Erleuchtung. Da nun das Licht der Gottheit alle Menschen erleuchtet, die in diese Welt kommen, so folgt daraus, daß wir alle befähigt sind, dieses Licht durch uns zu offenbaren, da es doch von Anfang an uns innewohnt. Es ist unsere geschöpfliche Bestimmung, dieses Licht des Schöpfergeistes durch uns leuchten zu lassen und damit zur Erleuchtung unserer Welt beizutragen. Aber um dieses tun zu können, müssen wir unser Ego überwinden und das wahre Selbst, das Licht ewigen Lebens in uns, erkennen und uns dazu bekennen.

12.

Es gibt nur eine Gemeinschaft: die Gemeinschaft der Heiligen, die Gemeinschaft der mit ihrer Wahrheit vereinten Menschen, die Gemeinschaft der seelisch Lebendigen, die Gemeinschaft in Gott, die Gültigkeit behält über alle Zeiten, die fortfährt, ihre lebengebende Wirkung auszuüben über jede äußere Trennung hinaus. Wenn Menschen sich in der Seele begegnen, können sie nicht mehr von einander geschieden werden. Sie haben miteinander das von urher Gemeinsame erlebt, sie wissen um die Einheit allen Seins im Ursprung. Es gibt keine andere Gemeinschaft, die Dauer hat, als diese Gemeinschaft. Alle im Zustand unserer Sonderung von unserer Seele eingegangenen Bindungen lösen sich wieder auf, verlieren ihre Bedeutung, vermögen keine erlösende und heilende Wirkung auszuüben. Unsere Ent-täuschungen im Erleben der Hinfälligkeit unserer menschlichen Beziehungen haben als Ursache unsere Sonderung von den Bereichen in uns selbst, wo allein Einheit im Wesen möglich ist. Wir leben ego-bezogen, verhaftet unserer Vergänglichkeit, und wir können aus diesem Zustand nur vorübergehende Beziehungen anknüpfen. Selbst wenn diese Beziehungen durch das ganze Leben aufrechterhalten werden, haben sie nichts mit jener Gemein-

10212

schaft zu tun, die wir als die Gemeinschaft der Heiligen bezeichnen. Für eine solche Gemeinschaft bedarf es des Lebens aus unserer Seele, der Begegnung mit der Seele des anderen, die sofort jene Liebe als die Synthese im Ursprung auslöst, die ewig Gültigkeit besitzt.

Daß diese Erlebnisse der Gemeinschaft in dem Heiligen in uns so selten sind, liegt an unserem Unvermögen, ein solches Erleben rein zu erhalten, unbelastet durch den Einbruch unseres Ego. Wir mögen für kurze Zeit diesen Durchbruch unserer Seele in unserem Bewußtsein erleben und dadurch erlebnisfähig werden für die Seele des anderen, aber es gelingt uns selten, diese hohe Stufe zu erhalten und aus den Bereichen unserer existentiellen Wahrheit miteinander zu leben. Das Ego ist der immer wieder sich behauptende Herr in unserem Leben, und so verdunkelt sich das Licht der Seele, und wir stürzen herab von der Höhe einer inneren Gemeinschaft und verlieren einander seelisch, um vielleicht körperlich die Gemeinschaft fortzusetzen. Darin liegt die Tragik so vieler Liebesbeziehungen, die im Überschwang einer seelischen Gemeinschaft begonnen haben, um sich zu verlieren im Alltäglichen, Opfer unseres ego-zentrierten Teil-Lebens.

Aber diese aufleuchtenden Erfahrungen einer inneren Gemeinschaft lassen uns erkennen, daß es für den Menschen möglich ist, aus tieferen Bereichen zu leben und dieses Leben mit unseren Mitmenschen zu teilen. Wir müssen daraus lernen, auf unsere Seele ausgerichtet zu leben und im Bewußtsein ihrer Gegenwart in uns miteinander umzugehen. Je mehr die Seele in unserem Leben Einlaß findet, um so stärker wirken wir erlösend auf die verborgenen Bereiche der Seele unserer Mitmenschen und wachsen hinein in die Gemeinschaft der Heiligen, die wir verstehen müssen als eine Gemeinschaft in dem Heiligen in uns, das da ist unsere Seele. Es gibt nichts, das eine solche Freude auslöst, als wenn wir erleben, daß wir mit unserem Glauben und unserer liebevollen Hinwendung zu unserer eigenen Seele dazu beitragen, das Bewußtsein unseres Mitmenschen für die Realität seiner Seele zu erwecken und ihm somit helfen, seinen Wert zu erkennen, ihn zu erweitern mit dem Wissen um seine Unsterblichkeit. Es ist eine Begegnung im Licht unserer Wahrheit, und nichts bedeutet mehr für unsere menschliche Entwicklung als dieses Aufleuchten, diese Erfahrung, daß wir mehr sind als das, was wir täglich ausleben.

Ein Mensch, der zu seiner Seele vorgedrungen ist als zu seiner spirituellen Wirklichkeit und aus dieser lebt, ist ein erlösender Mensch, ein heilender, ein unsere Wahrheit erweckender Mensch. Er ruht in sich selbst, er verlangt nichts von außen, er hat keine uns belastenden Wünsche und Erwartungen, er will nur die Begegnung im Wesenhaften, den Austausch im Lebendigen, die Gemeinschaft im Seelischen. Wenn diese Gemeinschaft eintritt, sind wir im Lichte unserer Wahrheit und erkennen unseren Wert als eine Manifestation des Urlichts und haben dadurch unseren

Standort gefunden, unsere Urheimat in uns selbst. Gleichgültig, wie kurz dieses innere Erkennen ist, wenn es uns trifft, sind wir aus allen Verwechslungen und Verirrungen erlöst und wissen, wer wir eigentlich sind. In diesem Augenblick geschieht etwas für unser Leben Entscheidendes: wir sind erkannt worden, wir sind zurechtgerückt aus allen falschen Beziehungen und haben den inneren Geliebten gefunden, das Zentrum, aus dem wir uns entwickeln können, und wir sind somit aus aller Abhängigkeit von außen befreit.

Darin liegt die Größe des Menschen, daß er in sich selbst alles birgt, was seinen Sinn zu erfüllen vermag. Er ist Gottes Kraft in Offenbarung, und diese Kraft ist die ewige Bezugsquelle, aus der er alles schöpfen kann, was er für seine Vollendung braucht. Ruhend in sich selbst, bezogen auf das Heilige in sich, wird der Mensch zum Mittelpunkt seines Lebens, und damit hört sein rastloses Suchen und Jagen nach Sinn und Ziel seines Lebens auf. Erst geborgen in diesem Zustand, kann er in die Gemeinschaft der Heiligen aufgenommen werden, in jene Gemeinschaft, die ein nie aussetzender Austausch der Kräfte und Klarheiten ewigen Lebens ist. Hier ist jede Enttäuschung, jedes Für-sich-haben-wollen aufgehoben, hier herrscht das Göttliche im Menschen und verbindet sich mit allen Offenbarungen göttlichen Seins.

In diesen Zustand der Gemeinschaft der Heiligen werden wir einmal hineinkommen, wenn wir in uns das Heilige erkannt und angenommen haben. Vorboten einer solchen Gemeinschaft sind die seltenen Begegnungen mit Menschen, die ihr Ego überwunden haben und nichts anderes verlangen, als uns zu helfen, uns selbst zu erkennen, unsere Mitte zu finden und zur Ausstrahlung des in uns selbst manifestierten Lebens aus dem Heiligen zu werden. Diese Heiligen werden uns zum Heil, diese Erlösten können uns erlösen; deshalb ist die Begegnung mit einem solchen Menschen von einer uns auf unsere Wahrheit ausrichtenden Kraft, die wir als die größte Gnade erkennen müssen, denn durch ihn werden wir uns dessen bewußt, wer wir eigentlich sind: Kinder Gottes, Erben ewigen Lebens. Sie verpflichten uns nicht, ihrem Leben zu dienen, sie zu lieben, sondern sie verpflichten uns zum Dienst an unserer eigenen Göttlichkeit, sie werfen uns zurück in unser eigenes Wesen und entzünden in uns die Liebe zu dem göttlichen Geliebten. Damit kommen wir hinein in jene Gemeinchaft mit ihnen, die wir die Gemeinschaft der Heiligen, der in sich heilen Menschen nennen, und wir werden über alle Entfernungen und über alle Zeiten hinweg in dieser Gemeinschaft verbleiben und ewiges Leben miteinander austauschen. Je näher wir unserer eigenen Seele kommen, um so näher kommen wir der Seele aller Dinge und erleben die Einheit im Sein.

13.

Es ist etwas Wunderbares, sich in das Leben eines Heiligen, eines wahrhaft heilen Menschen zu versenken und zu erleben, daß hier Raum und Zeit aufgehoben sind und daß wir innerhalb des ewigen Lebens sind, das identisch ist mit dem wahrhaftigen Leben. Unsere Seele begegnet einer lebendigen Seele und wird von ihrem Leben überwältigt, von der Kraft ihrer Gotterfülltheit bereichert, von dem Licht, das von ihr ausgeht, erleuchtet. Es gibt nichts, was einen solchen Glanz in unserem Leben hinterläßt, wie die Begegnung über Raum und Zeit mit gotterfüllten Menschen. Gleichgültig, wo und wann sie gelebt haben, ob im christlichen oder nichtchristlichen Raum, immer geschieht dasselbe, wenn wir ihre Seele erkennen und berühren, daß wir aus der Enge des Vergänglichen erlöst und in die Weite des Reiches Gottes hineingenommen werden. Dieses erleben wir als eine unbeschreiblich stille Freude in uns, ein Ausruhen in einer vertrauten Heimat, ein Aufjubeln des inwendigen Menschen über die innige Liebe, die wie ein Band der Vollkommenheit uns miteinander verbindet.

Wer Gott liebt und nach der Einheit mit Ihm verlangt, der liebt die Heiligen, die wahrhaft Lebendigen, wo er ihnen auch begegnet. Sie ermöglichen die Begegnung mit dem Geheimnis Gottes, denn was wir hier anbetend erleben und was unsere Seele mit Frieden und Freude erfüllt, ist nichts anderes als eine Begegnung mit Gottes Liebe in dieser individuellen Manifestation. Die Heiligen sind Gottes Kinder in dieser Welt, die mit ihrem erleuchteten Leben von der Herrlichkeit und Macht des Vaters berichten. Verweilen wir in Stille vor ihrem Leben, so steigen die Liebe und die Ehrfurcht vor Gott in uns auf und die tiefe Dankbarkeit, daß der Allmächtige sich hier offenbart hat und uns gleichsam den Himmel geöffnet hat, auf daß wir in unsere Urheimat hineinschauen können. Sie sind uns auf eine wunderbare Weise vertraut, und unser Herz wird von Liebe erfüllt, wenn wir in ihr Kraftfeld hineinkommen. Wir erleben eine Entspanntheit und ein Befreitwerden von den vergänglichen Dingen und erkennen mit absoluter Sicherheit, daß sie die gemeinsame Heimat in Gott erreicht haben und davon unermüdlich mit ihrem Leben Zeugnis ablegen und uns im Glauben stärken und unsere Liebe zu Gott vermehren.

Was könnte für uns wichtiger sein als der Umgang mit den Heiligen! Was die Menschen dieser Welt uns nie geben können, weil sie es ja nicht erreicht haben und nicht kennen, das geben uns die Heiligen: den Glauben an unsere eigene verborgene Heiligkeit, das Wissen um unsere Kindschaft zu Gott und das daraus ständig aufsteigende Verlangen nach uns selbst in der Wahrheit. Von den Kindern dieser Welt werden wir verwirrt und irregeleitet und bleiben unter ihnen in unserem göttlichen Wert unerkannt und ohne jede Ansprache, während die Heiligen die Macht haben, uns auszurichten auf unsere eigene Heiligkeit und uns anzusprechen in der Tiefe unserer Seele. Darin liegt die ungeheure Bedeutung des heiligen Menschen, daß er uns heilen kann, daß er uns den Weg zeigen kann zu unserer göttlichen Natur, durch die wir selbst in den Zustand der Heiligkeit versetzt werden können. Daraus ergibt sich, daß es nichts in der Welt gibt, was für uns entscheidender ist als der Umgang mit den Heiligen und die ständige Hinwendung zu ihnen.

Je größer das Maß der Heiligkeit eines Menschen ist, je tiefer seine Verbundenheit mit seiner Seele ist, je inniger er durch die Liebe zu Gott in den Zustand der Gotterfülltheit hineingekommen ist, um so größer ist seine heilende und erlösende Wirkung. Der ganz mit Gott eins gewordene Mensch, der Mensch in Christus, der Wiedergeborene, der Heilige Gottes, wird somit zur höchsten Bedeutung für die Menschheit, weil er die höchste Stufe der Menschwerdung im Sinne Gottes erreicht hat. So ist für uns Jesus von Nazareth der Größte unter den Heiligen, denn er erreichte ein solches Bewußtsein seiner Gotteinigkeit, daß er bekennen konnte: „Ich und der Vater sind eins, wer mich sieht, der sieht den Vater.“ Hier war jedes Gefühl der Sünde als der Sonderung von dem göttlichen Ursprung überwunden, hier war der Mensch hineingeboren in seine Wahrheit als Sohn Gottes und Erbe himmlischen Lebens.

Die Wirkung dieser absoluten Übergabe an Gott auf sein Leben war so überwältigend, daß die Menschen sich vor seiner Macht und Mündigkeit entsetzten. Das grundsätzlich andere Leben, das Leben aus dem Heiligen, aus Gott, war etwas für den gesonderten Menschen Unbekanntes, das er in sein Weltbild nicht einordnen konnte. Seine Heiligkeit führte zu der Offenbarung eines neuen Menschentyps, des vor Gott gerechten und gültigen Menschen, und wie sollte der gewöhnliche, in der Vorläufigkeit seiner Vergänglichkeit verbleibende Mensch diesen Menschen verstehen können! „Aus welcher Macht tust Du all dieses, und wer hat Dir die Macht gegeben, solches zu tun?" war ihre empörte Frage. Sie konnten ihn nicht begreifen, denn nur der bereits zu seiner Seele erwachte Mensch hat Verständnis für das Wesen des Göttlichen, begreift die Möglichkeit eines Lebens aus Gott. So ist der Heilige nur von dem Heiligen in uns faßbar, nur das Heilige in uns liebt den Heiligen. Wer zu dem Heiligen eine echte Beziehung hat, ist bereits ansprechbar für seine eigene Seele, und er erlebt aus ihr seine Verwandtschaft mit dem heiligen Menschen, seine Einheit mit ihm in Gott, dem Ursprung.

Für diesen bereits seelisch aufgewachten Menschen gibt es nur eine Sehnsucht: heilig zu werden, heil mit seiner Seele. Heiligkeit ist Leben aus der Seele, Leben aus dem göttlichen Leben in uns. Wer um das Wesen der Heiligkeit weiß und erkennt, daß der Heilige der wahrhaft lebendige Mensch ist, der vor Gott gerechte und gültige, der weiß, daß Heiligkeit unsere gottgewollte Aufgabe ist, daß es der Wille Gottes ist, daß wir heilig werden. Heiligkeit ist keine Auserwählung durch Gott, die nur besonderen Menschen zugedacht ist, sondern wir müssen Heiligkeit verstehen als ein Leben in der Heilheit, in der Einheit mit unserer Lebenswirklichkeit, die Gott ist. Der Mensch wird heilig durch das Heilige in sich, nicht durch die Bemühungen, von sich aus heilig zu werden. Wenn wir immer wieder hineingehen in das Leben der Heiligen, so lassen sie uns erkennen, daß auch wir heilig werden können, wenn wir gleich ihnen in ständiger Liebe und Anbetung dem Heiligen in uns und um uns zugewandt leben.

14.

Es ist die übereinstimmende Aussage der Heiligen und Erleuchteten in allen Zeiten und Völkern, daß sie durch ein besonderes und ihr Leben verwandelndes Ereignis in eine Vertiefung ihrer Erlebniskräfte für das dahinterliegende Geheimnis des Lebens hineinkamen. Sie erlebten eine Vertiefung ihres Bewußtseins, die sie befähigte, zu einer bis dahin verschlossenen Dimension Zugang zu bekommen. Sie erwachten, sie wurden wach für die Gegenwart jener unsichtbaren Wirklichkeit, die sie Gott nannten. Sie begegneten dem Numinosen, sie wurden erschüttert von den Kräften ihrer spirituellen Wirklichkeit, sie erlebten die Beziehung zu dem Ursprung ihres Lebens. Dieses Erleben schlug manchmal in ihr Dasein ein wie ein Blitz, wie ein helles Licht, das ihr Leben erleuchtete und die Gegenwart einer bis dahin nicht wahrnehmbaren Dimension ausleuchtete und sie vor die Tatsache stellte, daß sie bis dahin nicht im eigentlichen Sinne gelebt, sondern ein Teil-Leben geführt hatten, ohne Beziehung zu dem inneren Licht.

Diese Erlebnisse der Transzendenz, des Durchbruchs zu dem Sein, zu dem schöpferischen Prinzip, werden von vielen Menschen erfahren, ohne daß sie sich der Bedeutung dieser Erlebnisse bewußt werden.

9056

Plötzlich überfällt sie ein Empfinden des Entrücktseins aus dem Täglichen, eine Erweiterung ihres Bewußtseins für eine sonst nicht erlebte Wirklichkeit, ein Eintauchen in eine beseelende Kraft, ein Erleben eines Einsseins mit allem Leben. Aber diese Sternstunden des Lebens erlöschen wieder, die erlebte Beziehung zu einer tieferen Ebene hört wieder auf, und der Mensch findet sich damit ab und begreift nicht, daß er eine Begegnung mit sich selbst im Wesenhaften erlebte und deshalb die wesenhafte Einheit mit allem Leben empfand. Anstatt sein bisher auf der Oberfläche der Erscheinungswelt dahingelebtes Leben von nun an in Frage zu stellen und sich aufzutun, der aufleuchtenden Dimension des Seins nachzuspüren und keine Ruhe mehr zu finden im Bisherigen, bleibt er weiterhin in dem Zustand eines Teil-Lebens und hofft auf das Wieder-auftauchen jener inneren Wirklichkeit, die ihn einst überflutete. Aber ohne die bewußte Erkenntnis dessen, was mit ihm geschah und ohne die tägliche Verinnerlichung, das sich nach innen wenden, um dieser Dimension seiner Seele nachzuspüren, wird er die ihn überwältigende Wirklichkeit des allein Wirklichen nicht erreichen.

Wenn ein Mensch aber von dem Licht des Urlichts getroffen wird, so daß er dazu endgültig erwacht und fortan auf dieses innere Licht ausgerichtet lebt, dann stehen wir vor dem Erleuchteten, dem Mystiker, dem Wiedergeborenen. Hier ist der Durchbruch gelungen, hier ist der Mensch zu der Erkenntnis seiner Wahrheit gekommen, und sein Leben offenbart die Wirklichkeit der in allem Lebendigen wirkenden Seinskraft. Er ist aus dem Fluch seiner Selbstentfremdung erlöst, er ist zum Vater, zum Urprung, zurückgekehrt, er hat seine geschöpfliche Richtigstellung vor dem Schöpfer erreicht, und das Urlicht der Gottheit scheint durch ihn in die Welt hinein und erleuchtet sie. Damit erfüllt der Mensch erst seinen geschöpflichen Sinn, der für kein Geschöpf ein anderer sein kann, als eine Offenbarung des unsichtbaren Schöpfers zu sein. Der Schöpfer ist der sich selbst durch seine Schöpfung offenbarende Eine, alle Schöpfung ist seine Kraft in Offenbarung; deshalb folgt von selbst, daß die Schöpfung zur Ausstrahlung dieser Kraft wird, zur Vermittlung des Schöpfergeistes.

Die übergeordnete Bedeutung des Erleuchteten wird hier verständlich. Gott schuf den Menschen sich zum Bilde, weshalb der Mensch nur seinen geschöpflichen Sinn erfüllt, wenn er zur Gottesoffenbarung wird, zur Erleuchtung der Welt. Könnten wir dieses begreifen, so wäre uns die dunkle, leiderfüllte Geschichte des Menschen erklärlich, denn da der Mensch nicht ausgerichtet lebt auf das innere Licht des Schöpfers in sich, so wird er kein Mensch im eigentlichen Sinne, sondern aus dem Zustand seiner Selbstentfremdung wird er zur Finsternis dieser Welt, wird er verurteilt, Unheil zu zeugen, weil er in sich unheil ist. Dieser außerhalb seiner Wahrheit verbleibende Mensch wird unweigerlich zum Widersacher Gottes, zum Feind des wirklichen Lebens, wie auch der in seiner Wahrheit lebende Mensch zum Licht der Welt wird.

Können wir aber hoffen auf den Durchbruch des Menschen zu seiner Wahrheit, die der Schöpfergeist in ihm ist? Ist nicht der Zustand der Bewußtlosigkeit des Menschen für das innere Licht bereits zur Natur geworden, lebt der Mensch nicht gänzlich verhaftet seinem Pseudo-Leben, und hält er es nicht für eine Utopie zu glauben, daß es zu einer vollkommenen Verwandlung und Neuschöpfung dieses Geschöpfes kommen kann? Wer glaubt an das Wiederkommen Christi und begreift dieses Wiederkommen als einen Durchbruch des Menschen zu der Gegenwart des Schöpfergeistes in seiner Schöpfung? Wer hält die großen Erleuchteten für die den Weg weisenden Kräfte zu unserer eigenen Erleuchtung? Ist der Mensch nicht so weit abgetrieben von seiner spirituellen Wirklichkeit, daß die Aufforderung zur Umkehr zu dieser Wirklichkeit und zur Einkehr in sie nicht mehr beachtet wird? Sind die Sinne der Seele nicht stumpf geworden, um die Schwingungen und Kräfte der wirklichen, der göttlichen Welt aufzunehmen? Gott allein weiß den Weg aus der scheinbaren Ausweglosigkeit dieser in der Finsternis der Gottlosigkeit versunkenen Welt. Er hat Wege aller Wege. Er weiß, wann Christus wiederkommt, Er kennt die Stunde des Blitzes, der von einem Ende des Himmels zum anderen aufleuchten wird und das Gericht als die Ausrichtung auf Christus vollziehen wird.

15.

Die Verwandlung und Neuschöpfung menschlichen Lebens ist möglich, weil dem Menschen die menschbildende Kraft Gottes mitgegeben worden ist. Der Mensch als Geschöpf des Schöpfers ist Träger ewigen Lebens, und die Umkehr zu diesem Leben ist die Kraft der Erlösung aus allen jetzigen Verderbnissen eines ohnmächtigen, zutiefst unmenschlichen Pseudo-Lebens. Wer im Glauben als im Wissen um die noch unentdeckte und unerforschte Dimension des Schöpfergeistes in seiner Schöpfung lebt, steht in der Verwandlung und Neuschöpfung seines Lebens. Eine bis dahin nicht einbezogene Kraft wirkt sich aus, und der Mensch wird zur Offenbarung dieser Kraft und erfüllt damit seinen geschöpflichen Sinn, wird Mensch im Sinne des Schöpfers und trägt bei zur Verwirklichung seines Reiches in dieser Welt.

Auf das Hervorkommen der um diese in uns wesende Kraft des Schöpfers wissenden und sich damit verbindenden Menschen kommt es allein an, soll die Welt des um diese Kraft nicht wissenden Menschen überwunden werden. Von der Zunahme der Zahl der Heiligen, der in ihrer Schöpfung heilen Menschen, hängt das Schicksal der Menschheit ab. Sie vermehren durch ihr mit ihrer Wahrheit verbundenes Leben die

9281

Kräfte des Himmels als des vor Gott gerechten Lebens und wirken als Lichter in der Finsternis der Gottlosigkeit. Die Aussage des Jesus von Nazareth über die Aufgabe seiner Nachfolger bleibt in allen Zeiten gültig: „Ihr seid das Licht der Welt." Wo ein zu seiner Gotteskindschaft erwachter Mensch hervorkommt, erleuchtet er seine Welt mit dem Licht seiner Wahrheit und wirkt ausrichtend auf diese Wahrheit. Aus diesem Wissen um die Bedeutung des heiligen Menschen ruft Paulus aus: „Wisset Ihr nicht, daß die Heiligen die Welt richten werden!" Und Jesus von Nazareth drückt dieselbe Wahrheit aus mit dem Wort: „Gott richtet niemanden, sondern alles Gericht hat er dem Sohn gegeben (dem Wiedergeborenen) dadurch, daß er der Menschen-Sohn (der wahre Mensch) ist." Der in sich heile Mensch ist allein zuständig für die Ausrichtung des Menschen auf die in ihm wesende Kraft des Heiligen.

Gott als der Urquell und Urgrund allen Lebens kann nicht zur Ausrichtung seines Geschöpfes Mensch werden, sondern nur der heile Mensch kann diese Ausrichtung vornehmen und uns stellen vor unsere geschöpfliche Wahrheit als Kinder Gottes, Träger ewigen Lebens. Gleichwie eine vollkommene Rose uns Kunde gibt von dem, was eine Rose sein soll, also ist der vollkommene, in sich heile Mensch eine Aussage über die von Gott gegebene Möglichkeit des Menschseins. Darin liegt die ungeheure Bedeutung des Heiligen, daß er uns vor unsere Wahrheit stellt, uns offenbart, daß wir in uns die verwandelnde und neuschöpfende Kraft Gottes tragen und daß allein diese Kraft die Menschwerdung bewirken kann. Die uns auf unsere Wahrheit ausrichtende Kraft eines in seiner Wahrheit lebenden Menschen ist noch nicht erkannt worden in ihrer Bedeutung für einen jeden von uns, sondern wir halten den heiligen Menschen für einen von Gott erwählten und begnadeten Menschen und bleiben beruhigt im Zustand unserer Unheilheit. Die Hinwendung zu dem Leben der Heiligen und Erleuchteten und die Beschäftigung mit ihnen würde uns hineinführen in das Geheimnis ihres grundsätzlich anderen Lebens und uns die Hoffnung auf unsere eigene Heiligung geben.

Anstatt daß der Heilige, der dem Heiligen in sich zugewandte Mensch, zur Ausrichtung auf das in unserer Schöpfung wesende Heilige wirksam wird und uns somit in die Menschwerdung hineinführt, bleiben wir weiter in dem Zustand der Bewußtlosigkeit gegenüber dieser uns von Gott gegebenen Kraft zur Erfüllung unseres geschöpflichen Sinnes, und wir halten den Heiligen für eine Ausnahmeerscheinung menschlichen Lebens, nicht mit uns vergleichbar. Damit verurteilen wir ihn zur Unwirksamkeit, verhindern seine erlösende und heilende Wirkung. Wir erkennen nicht, daß das, was im Leben eines Menschen geschehen ist, unter denselben Bedingungen als Geschehen für die ganze Menschheit möglich ist. Ist ein Mensch heilig geworden, hat er die Kräfte einer uns unbekannten Dimension bewegt, so ist dieses ein Beweis für alle Menschen, daß in ihrer Schöpfung eine Kraft Gottes an-wesend ist, die, wenn sie angenommen wird, auch uns heilig als in uns heil macht.

„Sage dem ganzen Volk Israel: Ihr sollt heilig sein, denn ich, Euer Gott, bin heilig!“ läßt Gott durch Moses sagen, und Jesus von Nazareth, aus dem Wissen um die Kraft Gottes in unserer Schöpfung, ruft aus: „Ihr sollt vollkommen sein, wie Euer Vater im Himmel vollkommen ist!“ Kein Erleuchteter und kein Heiliger hat jemals für sich allein die Erleuchtung und die Heiligkeit beansprucht, sondern sie haben es alle als ihre Aufgabe erkannt, die Menschen zur Heiligkeit, zur Gotteinigkeit aufzurufen, zur Umkehr zu der in ihrer Schöpfung verborgenen Kraft Gottes. Die Liebe zu Gott und die Liebe zu seiner Schöpfung ist das vornehmste aller Gebote, denn Gott zu lieben bedeutet, sich mit der Gegenwart des Schöpfers in unserer eigenen und der Welt Schöpfung zu verbinden. Wo Schöpfung ist, ist Gott anwesend, und Ihn hier zu erkennen und uns mit Ihm zu verbinden, führt zur Einheit mit Ihm, und in dieser Einheit ist das Geheimnis der Heiligkeit verborgen. „Jaget nach der Heiligung, ohne welche niemand wird Gott sehen“, ist die Aufforderung des Apostels, der die Verwandlung und Neuschöpfung seines Lebens durch den Durchbruch zu der Dimension des Heiligen in seinem Leben erfuhr.

Nur die Liebe als die Vereinigung mit unserer Gotteswirklichkeit, führt zur Heiligkeit. Wir können nicht durch Denken, nicht nur die intellektuelle Beschäftigung mit Gottesvorstellungen dem Göttlichen nahe kommen, sondern allein durch die Liebe, durch die Hingabe und den Glauben an die in unserer eigenen und der Welt Schöpfung wesende Kraft des Schöpfers. Die willkürliche Geistigkeit des Menschen hat keinen Zugang zu Gott, weshalb alle menschlichen Dogmen und Lehren der Religionen niemals zur Einheit mit der Wirklichkeit Gottes führen und somit nicht zur Heiligkeit. Der Mensch muß erkennen, daß sein Geist nur in der Verbindung mit dem Schöpfergeist an dem Heiligen teilnehmen kann. Das Heilige ist dieser Geist in uns, „aus dem alles gemacht ist, was gemacht ist, und ohne Ihn ist nichts gemacht, was gemacht ist. In Ihm ist das Leben, und das Leben ist das Licht des Menschen. Und es scheint in der Finsternis (in der Gottlosigkeit), und die Finsternis erkennt es nicht. Aber allen, die es erkennen und annehmen, gibt es Macht, Kinder Gottes zu sein." Die Kinder Gottes sind die Heiligen, und sie allein haben die Macht, uns auszurichten auf das Heilige in uns, deshalb sind sie die allein notwendigen Menschen.

16.

Ist die Heiligkeit oder die Erleuchtung eines Menschen anders zu verstehen als seine geschöpfliche Richtigstellung vor dem Schöpfer, als seine Heilheit? Ist die Erleuchtung nicht eine natürliche Folge der Erkenntnis und der Annahme des inneren Lichts, das wir verstehen müssen als das uns von Gott gegebene Leben schlechthin? Der Glaube, daß der Mensch im Leben ist, wenn er das ihm von Gott gegebene Leben im Dienst seiner Willkür mißbraucht, wenn er ein Teil-Leben aus seiner Vergänglichkeit lebt, hat dazu geführt, daß das Leben eines Erleuchteten als ein über-menschliches Leben angesehen wird, das für uns kein Maßstab sein kann. Weil wir nicht begreifen, daß alles Leben seinem Wesen nach heilig ist, weil es von dem Heiligen ausgegangen ist, so glauben wir, daß es eben menschlich ist, ein un-heiliges Leben zu führen. Die Forderung auf Heiligkeit ist deshalb für den Menschen eine Überforderung, die er nicht ernst nimmt, weil er unter dem Begriff Heiligkeit nicht Heilheit, Ganzheit, versteht, sondern dieser Begriff ist für den Menschen verbunden mit dem Gedanken an die Heiligen der Kirche, die wir in unserem Sinne nicht als Heilige verstehen. Was wir mit Heiligkeit meinen, ist eben Heilheit, Ganzheit, das Zusammenfallen von dem in uns wesenden Leben aus Gott und unserem

Leben. Der Heilige ist der Seinsmächtige, der mit seiner Seinswirklichkeit verbundene Mensch, der von dem Licht seiner Seele erleuchtete. Vom Standpunkt der Religion aus kann er vielleicht als Atheist gelten, weil er zu den Vorstellungen der herrschenden Religion von Gott keine Beziehung hat, ja, diese Vorstellungen und Lehren ablehnen muß, da er in Beziehung steht zu dem in ihm wirkenden Göttlichen.

Es erscheint uns als eine Unmöglichkeit, der Aufforderung Jesu: „Ihr sollt vollkommen sein, wie Euer Vater im Himmel vollkommen ist!" nachzukommen, solange wir nicht begreifen, daß auch wir das Vollkommene durch uns offenbaren können, weil das Vollkommene Gott, unser Vater und Ursprung, ist. Wenn die Ursache unseres Lebens Gott ist, so muß die Wirkung dieses Lebens Gottesoffenbarung sein, wenn es in sich heil ist. Also sind Heiligkeit und Vollkommenheit nicht als ein Bemühen des Menschen anzusehen, sondern als eine natürliche Folge seiner Heilheit und Ganzheit. Er offenbart Gott, weil er von Gott ausgegangen ist. Daß wir Gott nicht offenbaren, ist also als eine Bewußtlosigkeit unsererseits anzusehen gegenüber dem, was wir eigentlich sind, was Gott in uns hineingelegt hat. Könnte diese Bewußtlosigkeit von uns genommen werden, könnten wir unsere Wahrheit erkennen, so würde diese Wahrheit uns erlösen aus aller jetzigen Unwahrheit und sich selbst durch uns offenbaren als Gottes Kraft in uns, die unsere Schöpfung vollendet.

Das Verbleiben in unserer Vergänglichkeit ist die Ursache für all unsere Ohnmacht und Unzulänglichkeit, für unser Verderben und für unsere Unheilheit. Nicht Gott verurteilt uns zu diesem erbärmlichen Dasein, das uns ständig bedroht, das uns unter das Verhängnis des verlorenen Sohnes stellt, sondern wir sind durch eine geschöpflich verkehrt lebende Menschheit verführt und betrogen worden um das uns zukommende Leben aus dem unerschöpflichen Urquell allen Lebens. Die herrschenden religiösen Lehren haben uns fixiert in dem Zustand der Sonderung von unserer Wahrheit, und aus diesem Zustand beziehen sie ihre Macht über uns. Wir glauben uns unter dem Fluch der Erbsünde, halten uns für von Natur aus unvollkommen und unheilig und suchen Trost in den angebotenen Lehren von Erlösung durch den Versöhnungstod des Jesus von Nazareth. So wenig erkennen wir den Schöpfer allen Seins, daß wir es für möglich halten, daß Er diese erbärmliche, un-menschliche Schöpfung, die wir darstellen, geschaffen hat und die sich in einem bedrohlichen Ausmaß zum Unheil allen Lebens in der Schöpfung auswirkt und zum Widersacher und Zerstörer der gottgewollten Ordnung wird.

Aber Gott ist anders. Gott ist nicht der Gott der Religionen, sondern Er ist der allmächtige und vollkommene Schöpfer allen Seins, und was von Ihm geschaffen ist, ist seinem Wesen nach heilig und gut. Auch der Mensch als höchste Schöpfung Gottes hat alles mitbekommen, um seinen hohen Sinn zu erfüllen als ein Gottes Kraft und Weisheit am herrlichsten offenbarendes Geschöpf, und es ist nichts Unvollkommenes in dieser Schöpfung. Aber der Mensch hat seine Urbeziehung zu Gott nicht verstanden, er schöpft sein Leben nicht aus den unerschöpflichen Kräften seines Ursprungs, sondern er ist stehengeblieben in seiner Vergänglichkeit und hat die Herrschaft über diese Schöpfung Gottes übernommen und verfügt nach Gutdünken darüber. Mit seinem Geist lenkt er sein Leben und gibt sich selbst Sinn und Ziel und kommt dadurch mit Notwendigkeit unter die Mächte des Todes. Seine Schöpfung ist unterbrochen, denn er verbindet sich nicht mit dem Schöpfergeist, er läßt den Schöpfer nicht über sich walten.

Wie sollte in diesem Zustand der Mensch in seiner Schöpfung heil werden? Wie sollte er das in ihm wesende Göttliche offenbaren? Dieses bleibt in ihm verborgen, es kann sich nicht durch ihn manifestieren; der Mensch unterliegt dem Fluch des verlorenen Sohnes und nimmt fortwährend zu an Un-heilheit. Beweist diese Tatsache der Unheiligkeit des Menschen nicht, daß er das in ihm wesende Heilige nicht erkannt und nicht angenommen hat? Das Verderben und die Entartung menschlichen Lebens beruhen nicht auf der Unvollkommenheit dieser Schöpfung Gottes, sondern auf der Bewußtlosigkeit des Menschen für das in ihm wesende Heilige. Wo ist dieses Heilige, und wie kommt der Mensch hinein in seine Heiligkeit? Nur durch die Überwindung seines Pseudo-Lebens, das er aus seiner willkürlichen Geistigkeit aufgebaut hat, und durch die Bewußtwerdung des in seiner Schöpfung verborgenen Heiligen und durch die Annahme dieser Gegenwart Gottes in ihm. Wir sind als Geschöpfe in unserer Gesamtheit gotterfüllt, erfüllt mit Schöpfergeist, aber solange wir dieses nicht erkennen und uns nicht dazu bekennen, bleiben wir in dem Zustand der Unheiligkeit.

17.

Heilige sind Menschen, in deren Leben sich die Kräfte des Himmels bewegen, es sind Menschen, die angeschlossen sind an die spirituelle Wirklichkeit des Lebens. Sie sind aus der Bewußtlosigkeit gegenüber dieser Wirklichkeit, in der die ganze Menschheit versunken ist, aufgewacht, und sie haben diese Wirklichkeit angenommen, sie leben ausgerichtet auf ihre Gegenwart in sich wie um sich, und dadurch können sich diese Kräfte in ihrem Leben auswirken, die die Wunder bewirken, die wir den Berichten über das Leben der Heiligen entnehmen und für die die Menschen der Unwissenheit um die stets gegenwärtige spirituelle Wirklichkeit des Lebens keine Erklärung finden können. Sie identifizieren die Person des Heiligen mit dieser Kraft, sie halten ihn für einen Begnadeten und Auserwählten, und damit trennen sie sich grundsätzlich von ihm und finden durch ihn nicht den Weg zu der auch in ihrer Schöpfung wesenden spirituellen Wirklichkeit, und so können die Kräfte dieser Wirklichkeit nicht in ihrem eigenen Leben wirksam werden.

Heiligkeit muß verstanden werden als Heilheit, als Ganzheit und deshalb als ein natürlicher Zustand des in seiner Ganzheit lebenden Menschen. Wer geschöpflich vor dem Schöpfer richtiggestellt lebt, ist in seiner Schöpfung heil, er wird ständig bewirkt von der Kraft,

9894

aus der er geschaffen ist, und diese Kraft Gottes bewirkt das, was die Menschen als Wunder bezeichnen, was wir aber verstehen müssen als Gesetzmäßigkeiten auf einer höheren Ebene. Wo das Göttliche in einem Menschen wirkt, geschieht das Wunder, das im Leben derer, die dieses Göttliche nicht erkannt und nicht angenommen haben, nicht geschehen kann. Die Kräfte des Himmels stehen dem aus dem Himmel als aus dem wirklichen Leben gefallenen Menschen nicht zur Verfügung.

Wir müssen erlöst werden aus allen Vorstellungen der Religionen von den Heiligen als Ausnahmeerscheinungen menschlichen Lebens und als für uns nicht maß-gebend. Wir müssen erkennen, daß der Heilige die Norm des Menschen ist, der eigentliche, der normale Mensch, und daß wir zu dieser Norm hinaufleben müssen, so daß wir in unserer Heilheit hervorkommen und eins werden mit unserer spirituellen Wirklichkeit, auf daß auch wir die Kräfte des Himmels als des wirklichen Lebens bewegen können. Wir müssen durchstoßen zu der Erkenntnis, daß wir vom Ursprung, von dem unsichtbaren Schöpfer, entstanden sind und nur durch die Einbeziehung seiner Kräfte in unser Bewußtsein von diesen Kräften bewirkt werden können zur Vollendung unserer Schöpfung. Wir müssen in unserer Schöpfung heil werden, und wie könnte solches geschehen, wenn wir nicht verbunden lebten mit unserem Schöpfer, eins mit unserer Wahrheit als Kinder Gottes!

Wie der heilige Mensch nichts anderes kann, als das Heil zu bewirken, als die Kräfte des Schöpfergeistes durch sich zu offenbaren, so vermag der Unheilige, der mit dem Heiligen in sich nicht verbundene Mensch, nicht zu vermeiden, daß er zum Unheil seiner Welt wird, und dieses im Verhältnis zu seiner Sonderung von dem Heiligen. Solange wir es als menschlich ansehen, daß der Mensch unvollkommen, sündig und unheilig ist, solange werden wir nicht erkennen, daß es die Aufgabe des Menschen ist, heilig zu werden, solange werden wir die auf unsere Wahrheit ausrichtende Kraft der Heiligen nicht annehmen. Sie bleiben für unser Leben unwirksam, und obwohl wir erkennen, daß sie über Wunder-kräfte verfügen und zum Heil ihrer Welt werden, wird dieses nicht der Anlaß dazu werden, daß wir nach unserer eigenen Verbindung mit den hier offenbarten Kräften spirituellen Lebens verlangen. Wir leben so sehr unter den falschen Vorstellungen von Heiligkeit als nur für die von Gott auserwählten Menschen möglich, daß wir nicht einmal den Drang haben, zu erforschen, auf welche Weise es zu der Heiligkeit eines Menschen kommen kann, wie es möglich ist, daß der Heilige Wunder bewirkt und die Kräfte des Himmels bewegt. Alles versuchen wir zu erforschen, nur nicht das, was für uns von größter Wichtigkeit ist, nämlich der Weg zur Heilheit, zur Ganzheit.

„Es ist der Wille Gottes, Eure Heiligkeit! Jaget nach der Heiligkeit, ohne welche niemand wird Gott sehen!“

Nur das Heilige in uns, das Schöpferprinzip, vermag Gottes Gegenwart in allen Schöpfungen wahrzunehmen, nur Gott hat Zugang zu Gott. Deshalb kann es für uns nichts geben, was von größerer Bedeutung ist, als uns selbst zu erkennen in unserer geschöpflichen Beziehung zu dem Schöpfer und uns zu Ihm zu bekennen. Kein Mensch ist jemals heilig geworden, der nicht die Verbindung mit dem Heiligen in sich erreicht hat. Wir müssen die Heiligen als unsere Wegweiser sehen, hinein in das auch in unserer Schöpfung wesende Heilige. Sie sind die wahren, von Gott gewollten Menschen, während wir, in unserer Vergänglichkeit und Willkür lebend, die unwahren, die von ihrem Ursprung abgefallenen Menschen sind. Daß wir unfähig sind, die Kräfte des Himmels zu bewegen, liegt allein an unserer Bewußtlosigkeit gegenüber unserer Wahrheit als Kinder Gottes, Erben ewigen Lebens. Wir sind alle potentiell Heilige, Menschen, in denen die Kräfte Gottes sich als individuelle Schöpfung manifestiert haben, aber solange wir dieses nicht erkennen und uns nicht mit diesen Kräften Gottes in uns verbinden, solange bleiben wir unweigerlich in unserer Schöpfung unterbrochen und erleben, daß wir in uns unvollkommen, ohnmächtig, sündig und verderbt sind, weil wir außerhalb des Heiligen in uns verbleiben, Opfer einer geschöpflichen Verkehrtheit.

18.

Wer seelisches, spirituelles Bewußtsein erreicht hat, ist aus der Begrenzung des jetzigen Pseudo-Lebens befreit und nimmt teil an den Kräften und Klarheiten jener Dimension, aus der alles Leben hervorgeht. Er ist inwendig des Vorhangs, der uns noch trennt von dem wirklichen Leben, er ist wiedergeboren, und er kann Gott sehen. Dieses meint, daß er die Gegenwart des Schöpfers in allem Geschaffenen wahrnehmen kann, daß er in die Einheit des Seins hineingekommen ist und mit allen seinen Offenbarungen im lebendigen Austausch steht. Er erlebt die Welt wie sich selbst von innen her und ist sich seiner Identität mit der Kraft bewußt, die alles in allem ist. Er ist im Frieden, erlöst aus der Unruhe des ständigen Strebens nach Erweiterung und Bereicherung seines vergänglichen Pseudo-Lebens. Er hat das Zentrum gefunden, die Mitte, aus der er leben kann, in der er ruht, und er kennt nur eine Sehnsucht, in dieser Kraft bewußt zu leben, auf daß er von ihrem Licht erleuchtet und von ihrer Weisheit erfüllt wird, um sie in die Welt hinauszustrahlen, damit seinen geschöpflichen Sinn erfüllend.

Wir nennen diese Menschen Heilige, Mystiker, Erleuchtete, und wir wissen, daß sie für die Menschheit von übergeordneter Bedeutung sind, denn durch sie kommt das Heil in diese unsere Welt hinein, und dieses im Verhältnis zu dem Grad ihrer Einheit mit dem Heiligen in sich. Es genügen einige zur Wiedergeburt vorgedrungene Menschen wie Buddha und Jesus von Nazareth, um die Hoffnung auf die Erlösung des Menschen aus dem Zustand seiner Bewußtlosigkeit für das Heilige in sich durch Jahrtausende aufrechtzuerhalten. Die auf die Wahrheit menschlichen Lebens ausrichtende Kraft dieser Menschen kann durch nichts zerstört oder aufgehoben werden. Selbst die Verzerrungen ihrer Lehren durch die um das Geheimnis ihres gotterfüllten Lebens nicht wissenden Menschen, die daraus ihre religiösen Institutionen aufgebaut haben und ihre Macht über die Menschen beanspruchen, können nichts an der erlösenden Kraft der Heiligen schmälern. Diese bleiben das Licht der Welt und der Weg zum Leben aus dem Leben selbst für alle die, die zu der Erkenntnis ihrer Gottverbundenheit aufwachen und die begreifen, daß sie für uns beispielhaft sind und uns über alle Zeiten auffordern, gleich ihnen die Umkehr zu der spirituellen Wirklichkeit unseres Lebens zu vollziehen, auf daß auch wir in den Zustand der Heilheit hineinkommen.

Diese Heiligen als mit ihrer Wahrheit, die der Schöpfergeist ist, eins gewordenen Menschen sind der Vergänglichkeit der Zeit enthoben, deshalb bleiben sie wirksam über alle Zeiten hinweg. Weil sie in sich selbst das ewige Leben gefunden haben und daraus schöpfen, sind sie Träger dieses ewigen Lebens und vermögen, uns in dieses Leben hineinzuführen, so wir uns unter die Wirkenskraft stellen, die von ihrer lebendigen Seele ausgeht. Die liebende Hinwendung zu den großen Heiligen, die Beschäftigung mit ihrem Leben, das Sichaussetzen den Lichtkräften, die von ihnen ständig ausgehen, sind die Voraussetzungen für die Erweckung dieser Kräfte in unserer eigenen Schöpfung. Wer die Heiligen liebt, wird von ihnen bewirkt zur Heiligkeit. Wer sich von ihnen angesprochen und angezogen fühlt, hat bereits eine lebendige Seele, denn nur über die Seele ist der Zugang zu der Seele der Heiligen möglich. Für die seelisch noch nicht erwachten Menschen ist der Heilige nicht verständlich, sondern er wird als weltfremd angesehen, als ein Mensch, der in dieser Welt seinen Weg nicht gefunden hat.

Und dabei ist der Heilige derjenige Mensch, der der Wirklichkeit des Lebens am nächsten lebt, da doch diese Wirklichkeit allein in der Kraft Gottes zu suchen ist. Durch ihre Einbeziehung in unser Leben kann erst die Menschwerdung beginnen. Ohne sie bleiben wir in dem für die ganze Welt sich unheil auswirkenden Pseudo-Leben aus unserer Willkür und Vergänglichkeit, und wir werden mit Notwendigkeit zum Unheil unserer Welt. Daraus geht hervor, daß erst durch die Erscheinung der Heiligen als der in ihrer Schöpfung heilen Menschen die Hoffnung auf die Erlösung aus dem jetzigen Zustand eines Pseudo-Menschentums aufleuchtet, weshalb wir die Heiligen als die für das Heil unserer Welt notwendigsten Menschen schlechthin bezeichnen müssen. Es ist der unheilige, der in seiner Willkür und seinem Eigensinn verbleibende Mensch, den wir als den weltfremden, als den nicht an seinen geschöpflichen Auftrag angepaßten Menschen ansehen müssen, den zu überwinden wir aufgerufen sind, soll diese unsere Welt nicht von ihm vernichtet werden. Unsere Welt braucht den Heiligen, sie braucht den unter Gott lebenden Menschen, denn nur durch ihn können jene Kräfte entbunden werden, die zur Verwirklichung des Reiches Gottes in dieser Welt führen.

„Es ist der Wille Gottes, Eure Heiligkeit". „Ihr sollt heilig sein, denn ich, Euer Gott, bin heilig." „Seid vollkommen, wie Euer Vater im Himmel vollkommen ist." Diese Aufforderungen lassen deutlich werden, daß der Mensch keine andere Aufgabe hat, als in sich heil zu werden, womit gemeint ist, daß er die Verbindung mit dem Heiligen in sich suchen und zuerst und vor allen Dingen darnach trachten muß, mit dem Reich Gottes in sich, mit seiner spirituellen Wirklichkeit, eins zu werden. Erst dann kann die Menschwerdung im Sinne des Schöpfers beginnen, denn wer kann die Schöpfung des Menschen vollenden, wenn nicht allein die Kraft Gottes, aus der der Mensch geschaffen ist!

V. Geistige Heilung

1.

Der Mensch als Heilmittel! Der Mensch als das größte Heilmittel der Schöpfung! Der die Ordnung und die Harmonie wiederherstellende Mensch! Der Sohn und die Tochter Gottes! Der in seiner existentiellen Wahrheit lebende Mensch! Welche Perspektiven, welche Hoffnung auf Erlösung aus der Verzweiflung angesichts des unheilen Wirkens des unheiligen Menschen! Die Erkenntnis, daß der Mensch als höchste uns bekannte Schöpfung Gottes Träger des ewigen, des vollkommenen Lebens ist, läßt uns die jetzige Situation des Menschen in seiner Unkenntnis um die ihm innewohnende Kraft der Gottheit als eine Vorläufigkeit erkennen, als etwas, das einst überwunden werden wird. Der Mensch, der aus den Bereichen einer willkürlichen Geistigkeit lebt, der die Herrschaft über seine Schöpfung, die Gottes Eigentum ist, selbst übernommen hat, muß alle verhängnisvollen Folgen dieser seiner Fehlhaltung Gott gegenüber tragen in Not auf Not, bis er zu der Erkenntnis dessen erwacht, was ihm not tut, und er die Umkehr zu seinem Ursprung vollzieht, sich unter den Willen Gottes stellt. Der Mensch, der seine Wahrheit als in dem Schöpfergeist liegend, aus dem er entstanden ist, nicht kennt, muß unter dem Fluch der Unwahrheit bleiben, muß verderben und entarten mitten im Leben aus Mangel an Leben aus der unerschöpflichen Fülle der Gottheit. Hier haben wir es nicht mit dem von Gott gewollten und von seiner Kraft erfüllten Menschen zu tun, sondern mit einem Pseudo-Menschen, mit einem von seiner Wahrheit gesonderten Menschen.

Dieser Mensch zeugt wider Willen Unheil, weil er in sich un-heil ist. Er kann mit allem Aufgebot seiner willkürlichen Geistigkeit, mit allen ernsten Bemühungen, seine Welt zu ordnen und zu heilen, nichts anderes erreichen, als neues Unheil zu stiften. Nur das Heilige heilt, und solange der Mensch dieses Heilige in sich nicht erkennt und nicht annimmt, muß er das Unheil bewirken. Der von seinem Schöpfer sich abwendende Mensch steht unweigerlich unter dem Fluch des verlorenen Sohnes und kommt in seiner Willkür dem Abgrund immer näher. Es gibt keine Hoffnung auf ein gutes Ende für ein Geschöpf, das in einer Fehlhaltung dem Schöpfer gegenüber lebt. Wer in dieser von Gottes Kraft in sich abgefallenen Menschheit noch optimistisch ist und glaubt, daß sich doch alles zum Besten ordnen wird, der ist ohne Erkenntnis der grundsätzlichen Abhängigkeit der Schöpfung von dem Wirken des Schöpfergeistes, um vollendet zu werden. Auch der Mensch ist hierin keine Ausnahme, auch er untersteht dem Schöpfer und muß dieses erkennen.

Wenn dieses geschieht, wenn der Mensch den Weg zurück zum Ursprung findet und sich unter Gott stellt, beginnt er, sich heilend auszuwirken. Je inniger die Einheit mit Gott wird, um so heiliger und deshalb heilender wirkt sich der Mensch aus. Der ganz unter Gottes Willen lebende Mensch ist das größte Heilmittel dieser Schöpfung, weil er in der Rangordnung der geschöpflichen Welt an erster Stelle steht. Deshalb wartet die von der Willkür des Menschen vergewaltigte und gekränkte Schöpfung von Anbeginn auf die Offenbarung der Kinder Gottes, der heiligen Menschen, der in ihrer Schöpfung heilen Menschen, um erlöst zu werden aus aller Not des unheiligen Wirkens der verlorenen Söhne und Töchter Gottes. Die Not der Schöpfung schreit zum Himmel, alles wird hier von den unheilen Menschen in seiner gottgewollten Ordnung zerstört. Der Mensch, losgelöst von seiner Wahrheit, vermag das Gute, das Gottgewollte, nicht zu tun; nur Gott offenbart Gott, nur das Heilige bewirkt das Heil.

Findet der Mensch den Weg zu dem Heiligen in sich, zu dem göttlichen Ursprung, so muß er die größte Offenbarung Gottes in der Welt werden, die übergeordnete Heilkraft allen Lebens um sich. Dann ist der Mensch vom Himmel unter uns, der über allen und allem ist. Dieser Mensch hat aufgeleuchtet in allen Heiligen als die große Verheißung für die Erlösung aus der Knechtschaft unter den Unheiligen. Diese vor Gott richtiggestellten Menschen haben uns den Weg aufgezeigt, der zum Leben aus Gott führt, sie haben uns vorgelebt, was Leben eigentlich ist, und sie gaben uns die Hoffnung auf eine Verwandlung und Neuschöpfung menschlichen Lebens durch das Aufwachen zu dem Bewußtsein der in unserer Schöpfung wesenden Kraft der Gottheit. Stellen wir uns hinein in das Kraftfeld spirituellen Lebens, das von ihnen ausgeht, und folgen wir ihnen in ihrer Liebe zu Gott, in der Hinwendung ihres Lebens zu ihrer Gotteswirklichkeit, zu ihrer Seele, so werden auch wir erkennen, daß in uns eine bis dahin nicht einbezogene Dimension wirksam wird zur Erlösung aus aller Verhaftung in einer willkürlichen Geistigkeit. Wir werden in die Heiligung hineinkommen, in die Entfaltung unserer Seele, und damit werden wir ohne Anstrengung von uns aus zum Heil unserer Umwelt werden; denn der Heilige heilt durch die in sein Leben hereingelassene heilige Kraft Gottes, und da diese Kraft auch in uns verborgen liegt, ist die Möglichkeit unserer Heiligkeit gegeben.

2.

Wollen wir einem Menschen wirklich helfen und seine Lebenskräfte aktivieren, so müssen wir uns sammeln auf die in seiner Schöpfung wesende Seinskraft und nur diese in unser Bewußtsein hereinnehmen, unabhängig davon, ob der Mensch körperlich leidet und uns mit den Berichten über Erschöpfungen und Krankheiten überfällt, von denen er befreit werden möchte. Wir müssen den Körper nicht als das Primäre sehen, sondern die im Körper wirkende Seinskraft, und wenn diese aktiviert wird durch unseren Glauben an ihre schöpferischen Fähigkeiten, kommt es zu einer Belebung des Körpers, zu einer Erhöhung der Lebensschwingung, die den Körper und seine Störungen heilend bewirkt. Das uns Belebende ist die Schöpferkraft, und diese Kraft müssen wir in unser Bewußtsein hereinnehmen, auf sie müssen wir ausgerichtet leben, auf daß sie ihre Schöpfung, den Körper, mit Leben erfüllt. Der schöpfergeist-bewußte Mensch ist ein heilender Mensch, denn er hat die Begrenzung im Körperlichen durchstoßen und lebt ausgerichtet auf die Kraft, aus der der Körper geschaffen ist und mit der der Mensch in Verbindung leben muß, auf daß er körperlich gesund bleibt und seinen Sinn erfüllen kann als diese Kraft durch sich offenbarend.

11836

Wir sprechen von einem geistigen Heiler und sehen darin etwas Über-natürliches, einen Menschen, der eine besondere Begabung hat und dem die Gnade des Heilens anvertraut ist. Aber wenn wir uns selbst erkennen würden als Geschöpfe des Schöpfers, teilhaftig durch unsere Schöpfung des Schöpfergeistes, so würden wir uns dessen bewußt werden, daß die Verbindung mit diesem Geist, unsere Ausrichtung auf seine Gegenwart in uns, die Voraussetzung ist für das Gedeihen unseres Körpers. Da der Körper von diesem Geist geschaffen ist und dieser Geist dem Körper innewohnt und alle Vorgänge in ihm lenkt, so ist es eine Notwendigkeit für den Körper, auf diesen Geist ausgerichtet zu leben, bewußt seiner ständigen Anwesenheit ihn anzubeten und zu lieben als das Leben, das ihn lebendig macht. Je inniger ein Mensch in der Liebe zu dem Leben, das ihn lebt, entbrennt, je bewußter er sich mit der Kraft und Intelligenz, die in jeder Zelle seines Körpers arbeitet, verbindet, um so lebendiger, und vollmächtiger wird sein Körper. Da Schöpfergeist und Schöpfung eins sind, so ist das Bewußtsein, das sich dem Schöpfergeist zuwendet, das wahre Lebensbewußtsein, und der Mensch erlebt, daß sein Körper durch den Einstrom dieses Geistes immer gesünder und zur Ausstrahlung seiner Kräfte wird. Diese Erfahrung der Verwandlung und Erneuerung unseres Körpers durch die Sammlung auf den darin wesenden Schöpfergeist macht dem Menschen verständlich, warum die geistige Heilung eine natürliche Gabe ist, die uns zur Verfügung steht, wenn wir aufwachen zu der Erkenntnis unserer Wahrheit als in dem Schöpfergeist liegend.

Die Aufforderung des aus dem Schöpfergeist lebenden Menschen Jesus von Nazareth an seine Nachfolger, die Krankheiten der Menschen zu heilen, die Aussätzigen zu reinigen, die spirituell Bewußtlosen aufzuwecken zu dem in ihnen wesenden Schöpfergeist, läßt deutlich werden, daß er die Heilung durch die Einbeziehung des Schöpfergeistes als eine natürliche Gabe des Menschen ansah, die uns allen zusteht durch unsere geschöpfliche Beziehung zu dem allmächtigen Schöpfer. Weil der Geist des Schöpfers in unserer Schöpfung anwesend ist, können wir heilend wirken, vorausgesetzt, daß wir im Bewußtsein dieses Geistes leben und uns auf Ihn sammeln, uns für seinen Einstrom in unseren Geist öffnen. Das ist der Glaube an Gott, der das Wunder bewirkt, der Glaube an die ständige Gegenwart des Schöpfers in seiner Schöpfung und die Liebe und das Vertrauen zu seinen heilenden Kräften.

Daß die Menschen durch ihren Glauben an die überlieferten Vorstellungen der Religionen von einem Gott in fernen Himmeln nicht Wunder bewirken, nicht Krankheiten heilen und nicht zur Erfüllung des Sinns ihres Körpers kommen, liegt daran, daß sie nicht die Gegenwart Gottes in ihrer Schöpfung erkennen und nicht auf seine Kraft in sich ausgerichtet leben; denn der Sinn des Körpers liegt darin, daß er durch sich zur Ausstrahlung des Schöpfergeistes wird, dessen Werk er ist. Die Menschen wenden sich an einen Gott außerhalb ihrer Schöpfung und entbinden so nicht das Göttliche, das da in ihnen Leben bewirkt. In diesem Zustand erleben sie nicht den Anschluß an die heilende Kraft Gottes in sich, und der Körper wird ein Opfer des Entzugs dieser Kraft und verfällt und verdirbt aus Mangel an Leben aus seinem Ursprung. Der Körper ist aus dem Strom der stets fließenden Schöpferkraft herausgerissen und erschöpft seine Kräfte in der Sonderung von seiner Wahrheit, und wir können die Folgen davon ablesen in den Erschöpfungen, Krankheiten und Entartungen unseres Körpers. Wir leiden, weil wir nicht leben, nicht jenes Leben zulassen, das aus dem Leben selbst, aus dem Schöpfergeist, ständig ausgeht.

Wenn nun ein Mensch auftritt, der wie Jesus oder wie andere die Krankheiten der Menschen durch den Geist zu heilen vermag, so erkennen wir nicht die Natürlichkeit dieses Vorgangs, wir durchschauen nicht, daß wir in unserer Schöpfung den Schöpfergeist tragen, der, wenn er von uns erkannt und angenommen worden ist, heilend wirkt. Es ist die in uns wirkende Schöpferkraft, die auf die Harmonie des Körpers wirkt, wenn wir die Einheit mit dieser Kraft herstellen durch den Glauben an sie und durch die Hinwendung zu ihr. Es ist unsere Bewußtlosigkeit gegenüber dieser Kraft in uns, die ihr volles Wirken in uns verhindert, die diese Kraft in unbewußte Bereiche verdrängt und den Körper verarmen läßt und ihn den Mächten der Vergänglichkeit ausliefert. Die Einheit zwischen dem Schöpfergeist und seinem Geschöpf wird unterbrochen, und damit ist die Vollendung des Geschöpfes nach der Konzeption des Schöpfergeistes nicht möglich. Der Mensch kommt unter das Verderben eines Teil-Lebens im Vergänglichen, und sein Körper leidet Mangel an der für seine Entfaltung notwendigen Schöpferkraft. So entstehen die Krankheiten des Körpers, die wir als eine Kränkung seiner Wahrheit als Schöpfergeist in Offenbarung erkennen müssen, als einen zutiefst unnatürlichen Zustand, der nicht von dem Schöpfer gewollt ist.

Aus diesem Erleben der Disharmonie zwischen innen und außen, zwischen dem Schöpfergeist und unserer Schöpfung, sucht der Mensch Trost in den ihm angebotenen Lehren der jeweils herrschenden Religion, und er hofft auf eine Erlösung aus allen Nöten seines irdischen Daseins in einem Jenseits durch den Glauben an einen gnädigen Gott und durch den Dienst an den Vor-stellungen seiner Religion von diesem Gott. Aber Gott ist ständig mit seiner Kraft in unserer Schöpfung anwesend, und es ist diese Kraft Gottes, die, wenn sie erkannt und angenommen wird, uns aus allen unseren Nöten erlöst und unseren Körper unter den Einstrom des Heiligen stellt. Es ist keine von außen wirkende Kraft, die durch eine geistige Heilung uns überfällt, sondern es ist die Aktivierung der in unserer Schöpfung wesenden Schöpferkraft, die durch den geistigen Heiler unsere Heilung bewirkt. Der Glaube des Heilers an das Heilige in uns läßt dieses Heilige zur Entbindung kommen, und dieses überwindet den Zustand der Sonderung davon und läßt den Strom des Heils durch unseren Körper fließen. Da es bei der geistigen Heilung um einen Vorgang in der Dimension unserer spirituellen Wirklichkeit geht, sind hier Raum und Zeit aufgehoben, weshalb Fernheilungen etwas Natürliches sind. Das auf den Schöpfergeist ausgerichtete Bewußtsein des geistigen Heilers erreicht diesen Geist bei dem Heilsuchenden über alle Entfernungen hinweg.

Da wir nun alle als Geschöpfe Gottes Träger seines Geistes sind, so können wir durch die Bewußtwerdung dieses Geistes Gottes in uns und durch die tägliche Sammlung auf seine Gegenwart unsere Heilkräfte entwickeln und so zum Heil unserer Umwelt werden und dadurch unseren geschöpflichen Sinn erfüllen. Es gehört zu der Erziehung des Menschen, daß er von Kindheit an zur wahren Erkenntnis seiner geschöpflichen Situation gebracht wird und sich auf den in ihm wesenden Schöpfergeist ausrichtet. Je inniger der Mensch in die Verbindung mit diesem Geist hineinkommt, um so heilender wirkt er auf seine Umwelt. Ohne Bewußtwerdung dieses Geistes in sich bleibt der Mensch unfähig, sich heilend auszuwirken.

3.

Die geistige Heilung wird in ihrer Natürlichkeit erst dann verstanden werden, wenn wir aufwachen zu der Erkenntnis, daß der Schöpfergeist unsere existentielle Wahrheit ist und daß wir durch die Einbeziehung dieser unserer Wahrheit in unser Bewußtsein unter die Bewirkung ihrer heilenden und erlösenden Kräfte kommen. Daß diese Art der Heilung durch den Schöpfergeist möglich und für alle Menschen erreichbar ist, wenn wir uns erkennen als von diesem Geist ausgegangen und wir uns zu Ihm bekennen, wird so lange verleugnet, bis wir uns der Gegenwart dieses Geistes in unserer Schöpfung bewußt werden und wir auf Ihn ausgerichtet leben. Der schöpfergeist-bewußte Mensch lebt unter dem Einstrom schöpferischer Kräfte in seinem Leben und bewirkt damit eine ständige Belebung seines Körpers von innen her, von jener Dimension des Schöpfergeistes, die in seiner Schöpfung ständig gegenwärtig ist, aber die sich erst voll auswirken kann, wenn der Mensch in der bewußten Hinwendung zu diesem Geist in sich lebt.

Daß von dieser geistigen Heilung in allen Zeiten und Völkern gesprochen wurde und daß wir immer wieder von Menschen hören, die geistige Heilungen vollbringen, müßte uns veranlassen, uns mit diesem

11600

Phänomen zu beschäftigen, um zum Verständnis dessen zu kommen, wie geistige Heilung geschieht. Der Mensch, der in sich aufgewacht ist zu seiner Wahrheit als von dem Schöpfer ausgegangen, Träger der Schöpferkraft, und sich dieser Kraft in sich und in der Schöpfung um sich zuwendet, sie liebt und anbetet, ohne jeden Zweifel an ihrer ständigen Gegenwart in allem, was lebt, dieser Mensch strahlt diese Kraft schöpferischen Lebens aus und wirkt somit aktivierend auf diese Kraft bei seinen Mitmenschen, wie er auch auf die Schöpfung um sich heilend wirkt. Seine Verbindung mit seiner Wahrheit gibt ihm den Zugang frei zu dieser Wahrheit, die die Schöpferkraft in allem Geschaffenen ist. Er ist ein heilender Mensch, weil er ein in seiner Schöpfung heiler Mensch ist. Das Heilige als der Schöpfergeist, aus dem er entstanden ist, ist von ihm erkannt und angenommen worden. Er ist schöpfergeist-erfüllt, gott-erfüllt, leben-erfüllt.

Weil der Mensch sich selbst nicht erkennt, weil er nicht ausgerichtet lebt auf seine Wahrheit, entbindet er nicht die Kräfte dieser Wahrheit, und er hat keinen Zugang zu ihrer Gegenwart in seinen Mitmenschen, und er vermag folglich nicht, sie zu aktivieren. Dieser Mensch hat keine heilende Wirkung, er erreicht nicht den Schöpfergeist in der ihn umgebenden Schöpfung. Da dieser Mensch, der bewußtlos lebt für den in seiner Schöpfung wesenden Schöpfergeist, in der Mehrzahl ist, so ist es natürlich, daß der heilende Mensch eine Ausnahme ist und daß ihm mit Mißtrauen und Skepsis begegnet wird. Man begreift nicht die Natürlichkeit der geistigen Heilung, sondern sieht darin etwas Unerklärliches und hält sie für etwas außerhalb des Menschen Mögliches, als eine Auswirkung magischer Kräfte oder als Scharlatanerie. Daß aber die geistige Heilung etwas ist, was unwillkürlich eintritt, wenn ein Mensch ausgerichtet lebt auf das Heilige in sich, wenn er im Bewußtsein seines Ursprungs lebt als Schöpfergeist in Offenbarung, begreift der für diesen Geist bewußtlos lebende Mensch nicht.

So sind alle Menschen, die aus der Dimension des Schöpfergeistes in sich leben und Christus in sich erkennen als diesen Geist des Schöpfers, aus dem sie geschaffen sind, immer von den um ihre Wahrheit nicht wissenden Menschen verfolgt und verleumdet worden, und so hat man die Heilungen, die erfolgten, bezweifelt oder als Zauber und Magie bezeichnet. Damit haben die Menschen sich selbst betrogen um die hier offenbarte Wirklichkeit des in uns wirkenden Lebens aus dem göttlichen Urquell und den Weg versperrt, der zu der Erkenntnis ihrer eigenen Gotteskraft führt. Der Mensch begreift nicht, daß das, was in dem Leben eines Menschen geschehen ist, als Geschehen in allen Menschen unter denselben Voraussetzungen möglich ist. Sonst müßten wir diese gottverbundenen Menschen, die heilende Kräfte aussenden, als außerhalb des Menschengeschlechtes lebend, mit uns nicht vergleichbar, ansehen und sie für unser Leben als nicht zuständig und nicht den Weg weisend abtun.

Aber da alles Leben von dem Schöpfer ausgegangen ist, so ist dieses Leben Träger des Heiligen und wirkt, wenn es in diesem göttlichen Leben verbleibt, heilend. Ein heilender Mensch ist ein geschöpflich vor Gott richtiggestellter Mensch, er lebt in seiner Gotteswirklichkeit, und diese hat heilende Kraft. Er erkennt sich selbst als Träger dieser Kraft Gottes und läßt sie durch sich wirken, und diese ist die heilende Kraft der Gottheit durch sein Geschöpf Mensch. Je inniger der Mensch auf diese Kraft in seiner Schöpfung ausgerichtet lebt, um so heilender wirkt er auf seine Umwelt, um so transparenter ist er für die in seiner Schöpfung anwesende Schöpferkraft.

4.

Was ist „Psi"-Heilung anderes als die Heilung durch die Einbeziehung der in unserer Schöpfung wesenden Schöpferkraft? Wenn der Mensch den Anschluß an diese Kraft durch den Glauben an ihre ständige Gegenwart in seiner eigenen und der Welt Schöpfung bekommt, erfährt er eine Zufuhr an den Energien dieser Kraft in sich und versetzt damit seinen Körper in den Zustand einer höheren Lebensschwingung und erlebt dadurch eine Erneuerung und Verwandlung, die ihn herausführt aus seinen krankhaften Zuständen. Diese Heilungen wurden als Wunder bezeichnet, als außerhalb der geltenden Gesetze unseres Lebens stehend, und sie wurden als magisches oder göttliches Eingreifen angesehen. Da das Bewußtsein für den Ursprung allen Lebens als in dem Schöpfergeist liegend nicht in der Menschheit erwacht war, gab es keine verständliche Erklärung für das Phänomen der Heilung durch den Geist. Wenn Menschen auftraten, die den Anschluß an den Schöpfergeist in sich erreicht hatten und über die Macht der geistigen Heilung verfügten, wurden sie entweder als Heilige oder auch als Magier und Scharlatane abgetan.

Erst in unserer Zeit scheinen die Menschen zu der Erkenntnis zu kommen, daß die geistige Heilung ein

11014

erklärbares und für uns alle verständliches Ereignis ist, dem wir uns zuwenden müssen, um es ganz zu erforschen. Es treten immer mehr Menschen hervor, die durch Verinnerlichung und Meditation die Verbindung mit jenen Bereichen schöpferischer Kräfte bekommen, die zu der Fähigkeit der geistigen Heilung führen. Wer schöpfergeist-bewußt lebt, wer aufgewacht ist zu der Gegenwart der in seiner Schöpfung wesenden Kraft des Schöpfers, bekommt Zugang zu dieser Kraft bei seinen Mitmenschen wie auch in der Schöpfung um sich, und er vermag dadurch diese Kraft zu aktivieren. Damit wird eine Verwandlung und Belebung der Lebensschwingung erreicht, die, wenn sie stark genug ist, zu einer Erlösung aus krankhaften Zuständen führt. Die geistige Heilung ist das, was sie aussagt: eine Heilung durch den Einstrom des Schöpfergeistes in das Bewußtsein des Menschen.

Wenn Jesus von Nazareth die Ursache für die Heilung mit dem Glauben des Menschen an die Kraft Gottes bezeichnete, so ist diese Aussage gültig für alle Zeiten, denn die Heilkraft liegt allein in dieser Gotteskraft, die allem Geschaffenen innewohnt. Das Verbleiben im Glauben und im Vertrauen an diese Kraft würde uns erlösen aus der Anfälligkeit für Erschöpfungen und Krankheiten. Das Gebet als die rechte An-betung dieser Kraft aus dem Wissen um ihre Anwesenheit in unserer Schöpfung würde ihren Einstrom in unser Leben ermöglichen und dadurch uns ständig mit ihren erneuernden Kräften durchströmen. Dieser uns heilende Glaube ist nicht ein vages Für-wahr-halten, daß es diese Kraft gibt, sondern dieser Glaube ist Wissen, ist die Erkenntnis dessen, daß wir, aus dem Schöpfergeist geschaffen, Träger dieses Geistes sind und daß die Hinwendung zu Ihm, unsere Liebe zu seiner Gegenwart, das Tor des Bewußtseins auftut und seinen Einstrom in unseren Körper bewirkt. „Dein Glaube hat Dir geholfen, gehe und sündige hinfort nicht mehr" war die Aussage des Jesus von Nazareth für den Geheilten. „Sündige hinfort nicht mehr" ist zu verstehen als die Aufforderung an den Menschen, sich nicht von dieser Kraft Gottes in sich zu trennen, sondern in dem Glauben an sie und im Vertrauen auf sie zu leben, auf daß sie über sein Bewußtsein wirksam werden kann zur täglichen Erneuerung und Belebung seines Körpers und seines Geistes.

Der wahrhaft Gläubige ist ein Mensch, der angeschlossen lebt an seinen Ursprung, der aufgewacht ist zu seiner geschöpflichen Abhängigkeit von dem Schöpfergeist, um zu leben, und sich mit diesem Geist in Liebe und Ehrfurcht verbindet. Von diesem Menschen gehen heilende Kräfte aus, von seinem Leibe strömen die Schöpferkräfte aus, die Zugang haben zu diesen Kräften in seinen Mitmenschen wie auch in der Schöpfung um ihn. Je tiefer und inniger der Mensch verbunden lebt mit seinem Ursprung, je gotterfüllter er ist, um so größer ist seine heilende Wirkung auf alles Leben um ihn. Daß der heilige Mensch heilende Kräfte aussendet, ist natürlich und erklärlich durch seine Einheit mit dem Heiligen in sich. Erreicht der Mensch die Wiedergeburt, das Hineingeborenwerden in seine Wahrheit als Schöpfergeist in Offenbarung, so bewirkt dieser Geist durch ihn das Heil. Die Schwingung, die von ihm ausgeht, ist seins-mächtig, mit den Kräften des Seins erfüllt, und sie erreicht die Tiefen des Seins in seinen Mitmenschen und bewirkt eine Erneuerung und Belebung, die zur Aufhebung krankhafter Zustände führt.

Darin liegt das Geheimnis der geistigen Heilungen, daß der Heiler mit dem Heiligen in sich verbunden ist, und dieses wirkt sich durch ihn aus. Nicht der Mensch ist der Heiler, sondern die Kraft des Heiligen in ihm, die da ist der Schöpfergeist. Die Ausrichtung auf diesen Geist ist deshalb die Voraussetzung für eine heilende Wirkung. Wir können aus eigener Erfahrung erkennen, wie wir von der Gegenwart eines auf den Schöpfergeist ausgerichteten Menschen, eines wahren gläubigen und gott-erfüllten Menschen, heilend bewirkt werden, wie eine innere Entspannung eintritt, ein Einstrom wohltuender Kräfte. Es tut gut, in der Nähe eines mit seiner Wahrheit verbundenen Menschen zu verweilen, während die Nähe eines unheilen, in seiner Willkür und Vergänglichkeit fixierten Menschen uns beunruhigt und innerlich kränkt.

Diese uns ständig von neuem bewirkenden Kräfte der im Menschen wirkenden Bewußtseinsinhalte sollten uns aufklären über die Notwendigkeit unseres Durchbruchs zu der Dimension des in uns wesenden

Heiligen. Wir tragen alle in uns die Kraft, aus der wir geschaffen sind, aber solange wir diese Kraft nicht erkennen und uns nicht dazu bekennen, kann sie sich nicht durch uns vollmächtig auswirken. Der heilende Mensch ist ein mit dem Heiligen in sich, mit dem Schöpfergeist, verbundener Mensch, der unheilige Mensch ist sich dieses Geistes in sich nicht bewußt und vermag folglich nicht, heilend zu wirken. Noch ist der Mensch der Rückverbindung mit dem Heiligen in sich eine seltene Ausnahmeerscheinung, und wir erkennen in ihm nicht den Menschen, der uns ausrichten kann auf das auch in uns wesende Heilige. Würden wir diese mit ihrer Wahrheit verbundenen Menschen in ihrer übergeordneten Bedeutung erkennen und uns unter ihren Einfluß stellen, ihr Geheimnis begreifen als in ihrer Einheit mit dem Schöpfergeist liegend, so würden wir erkennen, daß wir bestimmt sind zur Heiligkeit als zur Einheit mit dem Heiligen in uns. Dann wäre das Rätsel der Heilung durch den Geist gelöst, und wir stünden in der Gnade der Ausstrahlung des Heiligen.

5.

Wenn wir heilen können, sind wir in der Heilheit als in der Einheit mit dem Heiligen, mit Gott. Wir vermitteln dann heilende Kräfte allein durch unser Dasein. Es geht von uns etwas aus, das für die Welt der gesonderten Menschen unbekannt ist, das sie nicht erklären können und das deshalb für sie ein Geheimnis bleibt. Sie begreifen nicht die Kraft, die der mit Gott verbundene Mensch ausstrahlt, und so wird er ihnen zum Anstoß und zum Ärgernis. „Aus welcher Macht tust Du all dieses, und wer hat Dir die Macht gegeben?" ist auch heute die Frage der spirituell bewußtlosen Menschen, wenn sie vor die heilende Kraft des Gott liebenden Menschen gestellt werden. Die hier manifestierten Heilkräfte können sie in ihr Weltbild nicht einordnen.

So ist es kein Wunder, daß Heilung durch den Geist zumeist abgelehnt wird und als Illusion und Hypnose bezeichnet wird in einer Menschheit, die nicht vorgedrungen ist zu der Erkenntnis des in allem wesenden Schöpfergeistes. Der geistige Heiler wird abgestempelt als Scharlatan, als Zauberer und Betrüger, er wird von der Wissenschaft verfolgt bis auf den Tag, wo die Wissenschaft vorgedrungen ist zu der Erkenntnis der allmächtigen, allgegenwärtigen, allwissenden

Schöpferkraft und begreift, daß für diese Kraft alles möglich ist. Der geistige Heiler hat, je nach seiner Verbindung mit dieser Kraft und mit seinem Glauben an sie, die Fähigkeit, zu heilen. Das von ihm bewußt angenommene Heilige heilt durch ihn. Er verbindet den Menschen mit dieser Kraft, er bewirkt ihn mit ihr durch seine eigene Gotterfülltheit, und die Heilung geschieht.

Diese kann aber nicht anhalten, wenn der Mensch den Zustand der Sonderung von dieser Kraft fortsetzt. Durch den geistigen Heiler sollte der Mensch hineingeführt werden in die Erkenntnis des in ihm wesenden Heiligen und die Umkehr zu ihm vollziehen. Dann hat er das Geheimnis der ihn heilenden Kraft des Heilers begriffen und kann sich selbst mit dieser Kraft in sich bewußt verbinden, kann in die Anbetung Gottes hineinkommen. Wird das Erlebnis einer geistigen Heilung nicht zum Anlaß einer Umkehr zu Gott als der alldurchdringenden Schöpferkraft, so werden die Störungen und Krankheiten (als Beweis der Kränkung dieser Kraft) sich fortsetzen, und der Mensch versucht wieder, davon befreit zu werden. Aber die eigentliche Aufgabe des geistigen Heilers ist die Ausrichtung des Kranken auf die in ihm selbst wesende Kraft des Heiligen, auf daß die Hinwendung zu dieser Kraft geschehen kann und er sie damit einbezieht in sein Bewußtsein und daraus schöpft.

Sobald der Mensch zum Gottesbewußtsein erwacht ist, wird er selbst zum Heiler. Das ist die eigentliche

Aufgabe eines um die Heilkraft Gottes in uns wissenden Menschen, daß er seine Mitmenschen zu dieser Kraft zurückführt, sie anschließt an ihre Wahrheit als Gottes Kraft in Offenbarung als Mensch. Dann hat er sie zum wirklichen Leben erweckt, und von nun an sind sie selbst Vermittler und Erwecker dieses Lebens. Es ist unmöglich, daß der Mensch das Heilige in sich selbst entdeckt, ohne daß er den Wunsch hat, die Mitmenschen zu der Erkenntnis dieser Kraft zu führen. Jeder Erwachte muß ein Erwecker werden, jeder Erlöste ein Erlöser.

So steht der geistige Heiler, sofern wir damit einen Menschen verstehen, der Gottesbewußtsein erreicht hat, an erster Stelle in der Bedeutung für die Menschwerdung, denn in ihm ist bereits die menschbildende Kraft Gottes am Werke. Die wirkliche und hier gemeinte geistige Heilung ist nicht die Wirkung einer Suggestion oder geistigen Beeinflussung, sondern sie ist dieselbe Art der Heilwirkung, die von Jesus von Nazareth ausging. Sein Bekenntnis: „Ich kann von mir selbst nichts tun", ist der Beweis, daß er in der vollkommenen Übergabe an die göttliche Wirklichkeit seines Lebens stand und diese Wirklichkeit durch sich wirken ließ. Er konnte heilen aus der Kraft des von ihm angenommenen Heiligen. Seine Aussage, daß alle, die an ihn glaubten, dieselben Werke tun würden und noch größere, beweist sein Wissen, daß die von ihm entdeckte Gotteskraft nun immer vollkommener von den Menschen erkannt und angenommen werden würde und sie somit befähigen würde, immer stärkere Heilkräfte zu entbinden.

Wir sind alle aufgerufen zur Heiligkeit. „Sage dem ganzen Volke Israel: „Ihr sollt heilig sein, denn ich, Euer Gott, bin heilig!“ Diese Aufforderung zur Heiligkeit ist nicht anders zu verstehen als die Aufforderung, zu leben, das Leben zu leben, das Gott uns gegeben hat: das ewige Leben, das Leben aus dem Heiligen in uns. Der Geist des Menschen soll mit dem Geist Gottes eins werden, dann werden wir von selbst geistige Heiler. Wir können gar nicht vermeiden, daß das Heilige in uns zum Heil der Welt wird. „Wisset ihr nicht“, ruft Paulus aus, „daß die Heiligen die Welt richten werden!“ Die Zahl der Heiligen entscheidet das Hineinströmen des Heiligen in die Welt, und dieses Heilige wirkt sich als Gericht auf alles Unheilige aus. Wir bleiben unter dem Fluch der Unheiligkeit, bis wir das Heilige in uns bewußt erkennen und auf dieses ausgerichtet leben. Dann beginnt die Tätigkeit unseres Heils für das Ganze, denn das Heilige in uns heilt die Welt.